跟蹤騷擾
防制法解析

許福生 著

五南圖書出版公司 印行

許序

　　在各類暴力行為中，跟蹤騷擾行為成因與態樣甚為複雜，後續亦可能引發其他重大犯罪，再加上跟蹤騷擾具有「持續性高」、「危險性高」、「恐懼性高」與「傷害性高」等四大特徵，行為人透過各種跟蹤騷擾行為方式干預他人與相關人等正常生活，使其感到害怕不安，甚而衍生危害生命安全重大事件，已普遍引起社會大眾廣泛關注。有鑑於此，民間團體倡議多年的「跟蹤騷擾防制法」，就在2021年4月發生屏東女子遭尾隨擄殺後，朝野立委加速立法進度，並在2021年11月19日完成三讀立法程序，總統於2021年12月1日公布全文，並自公布後六個月施行。所公布之法案，將跟蹤騷擾行為態樣具體類型化及犯罪化，並聚焦在「與性或性別有關」之行為，且引入即時約制（書面告誡）模式，二年內若再犯法院可核發保護令及配合預防性羈押，並強調部門協力以保護扶助被害人及治療處遇相對人，以補充性別暴力防制之不足。

　　個人目前任教於中央警察大學，主要教授「犯罪學」、「刑事政策」、「婦幼警察專題」、「警察犯罪預防專題」、「警察執法與司法實務專題」等課程；並兼任臺灣犯罪被害人人權服務協會副理事長、中華警政研究學會副理事長、台灣防

暴聯盟常務理事等職，長期關心犯罪被害人保護與性別暴力防治工作，且持續關注「跟蹤騷擾防制法」立法進度及其相關內容與爭點，因而於今年6月1日本法正式施行之日，承蒙五南圖書出版公司之邀稿，同步出版《跟蹤騷擾防制法解析》一書，以就教各位讀者。

　　本書共分為二大篇，第一篇「跟蹤騷擾防制法Q & A」，透過25個Q & A方式回答下列主要問題，為什麼要制定本法、本法立法沿革為何、主要架構為何、主要內容為何、主管機關及目的事業主管機關權責為何、怎樣才算是「跟蹤騷擾行為」、判斷跟蹤騷擾行為有何困難點、被害人遭受跟騷警察機關如何受理與處置、相關保護令問題、本法有哪些處罰規定、何種狀況可實施預防性羈押、本法施行後警察體系如何因應、跟騷與性騷擾之區別為何、跟騷與性騷擾之認定標準為何、本法與性別暴力防制法案之競合為何、長期遭盯梢案例警察如何處理、本法若施行能預防類似屏東女店員遭擄殺再發生？第二篇「跟蹤騷擾防制法爭點與評析」，就現行本法通過條文，並參考立法院朝野及民團各草案版本，針對跟騷就是犯罪vs.先行政後司法、法案名稱與法規競合問題、跟蹤騷擾行為定義、即時介入保護機制及救濟、有關保護令問題、相關機關協力合作與建立被害人支援體系等爭點加以評析。

　　本書的完成與出版，要感謝的人很多，特別是臺灣犯罪被害人人權服務協會吳國寶理事長、趙惟漢創會理事長全力支

持所成立之「糾纏行為防制法草案研究小組」，小組成員共同討論所提供之意見，還有中華警政研究學會與台灣防暴聯盟不斷地舉辦論壇，也為本書注入新觀點。書中所述，或有不周，或有謬誤，尚請各界先進及讀者不吝指正，特別是本法剛施行，後續仍有諸多待討論議題，作者今後也將為本書的完善持續努力，希望本書的出版，能對國內跟騷行為防制有所助益。最後，謹以本書獻給最摯愛的母校──中央警察大學，因為有母校的孕育，本書才得以完成。

中央警察大學警察政策研究所教授

許福生　謹誌

2022.06.01於警大

目 錄

圖表目次

第一篇

跟蹤騷擾防制法Q＆A

Q1

爲什麼要制定本法？

第1條（立法目的）
為保護個人身心安全、行動自由、生活私密領域或資訊隱私，免於受到跟蹤騷擾行為侵擾，維護個人人格尊嚴，特制定本法。

　　在各類暴力行爲中，跟蹤騷擾行爲之成因及態樣甚爲複雜，後續亦可能引發其他重大犯罪，再加上跟蹤騷擾具備「持續性高」、「危險性高」、「恐懼性高」和「傷害性高」等四大特徵，行爲人透過各種跟蹤騷擾行爲方式干預他人與相關人等之正常生活，使其感到害怕不安，甚而衍生危害生命安全的重大犯罪，已普遍引起社會大眾廣泛關注。而其中常見的案類大多是因對某人喜歡或有好感，展開追求後被拒絕，進而採取激烈手段，衍生嚴重後果。

　　典型案例如發生在2014年9月間的臺大宅男殺人案，根據本案臺灣高等法院108年度上重更二字第3號刑事判決顯示之犯罪事實，兩人於2014年3月交往成爲男女朋友後，因個性、生活態度存有諸多差異，以致二人感情陷入低潮，而於當年9月12日雙方分手後，男方在9月14日中午無故侵入分手女友住宅，迨同日晚間8時被害人返抵住處，見狀要求離開，男方不理會且向被害人出示手機中之裸照恐嚇，要求性交一次作爲刪照條件。又於9月19日、20日，男方前往女方住處附近觀察女方行蹤時，見有男子接送女方，心情更趨複雜難過，其殺害女

方再行自殺之意念加劇。男方遂於9月22日清晨攜帶鈦鋼刀與訣別信2件，前往女方租屋處附近等候，見女方出現即尾隨至路口處，趨前摟住女方肩膀，阻其行進，恫稱「我手上有刀，妳不要輕舉妄動」、「我要自殺了，今天是我人生最後一天，所以我想在人生最後一天跟妳當最後一天的男女朋友，這是我的夢想，希望妳不要破壞我的夢想」、「求妳不要破壞我的夢想，不然我怕我會跟妳同歸於盡」，女方不願配合，男方憤而萌生殺人決意，以鈦鋼刀砍殺切斷左側頸部，致女方因出血性休克死亡。之後見女方倒地不動，即持鈦鋼刀攻擊自己頭部、頸部、胸口、手腕等處，復不顧被害人業已死亡，當街褪下外褲、內褲，親吻被害人遺體私處，污辱A女屍體，再將其褲子穿上[1]。

又以2017年12月發生於世新大學學長單戀殺傷學妹案為例，該名世新大學男大生，癡狂苦追學妹五年，還不斷跟蹤，更轉學與學妹同校，學妹受不了到警局求助，他卻像背後靈般緊跟，男大生見學妹不理他，便預藏水果刀，尾隨學妹到教室外，學妹說：「一點都不想理你。」男大生亮刀追殺，學妹大喊：「救命！老師救我！」仍被抓頭撞牆、壓在桌上連刺3刀，在場學生嚇壞，助教喝令時男大生才丟棄刀（參照2017年12月12日蘋果日報報導）。根據本案臺灣高等法院107年上訴字第2941號刑事判決顯示之犯罪事實，被告人在捷運上認識被告後，有一天被告向被害人表示，都是看被害人在府中站或

1　本案最後判處無期徒刑定讞，也促成家庭暴力防治法增訂第63條之1規定：「被害人年滿十六歲，遭受現有或曾有親密關係之未同居伴侶施以身體或精神上不法侵害之情事者，準用第九條至第十三條、第十四條第一項第一款、第二款、第四款、第九款至第十三款、第三項、第四項、第十五條至第二十條、第二十一條第一項第一款、第三款至第五款、第二項、第二十七條、第二十八條、第四十八條、第五十條之一、第五十二條、第五十四條、第五十五條及第六十一條之規定。前項所稱親密關係伴侶，指雙方以情感或性行為為基礎，發展親密之社會互動關係。本條自公布後一年施行。」

板橋站上車，被害人當下覺得可怕，感覺自己遭被告盯上很久，有遭被告監視，所以開始拒絕被告的聯繫，後來被告會用打電話、簡訊、LINE等方式頻繁聯絡被害人，也有跟蹤被害人，被告也曾假裝網路買家，要向被害人買東西，或是偽裝成被害人的朋友，用LINE跟被害人聯繫，被害人多次要求被告不要再騷擾被害人，希望不要再有任何接觸，但被告仍不願意停止這些騷擾行為，被害人有在臉書上以一些比較激烈的言詞回應被告，那是因為被害人遭被告多次騷擾，情緒不穩、感覺憤怒。案發當天，被告問被害人到底想要怎樣，被害人反問被告想要幹嘛，並對被告說想要被害人寄存證信函給他嗎，接著被告就拿出刀刃鋒利之水果刀，近距離猛力刺擊被害人頭、頸部，可能導致被害人死亡之結果[2]。

事實上，為防範跟蹤騷擾行為，世界上已有不少國家制定了相關法令規範。如美國加州於1990年即因少女明星Rebecca Schaeffer遭狂熱粉絲跟蹤三年，在自家門前被槍殺，而制定了世界第一部反跟騷法。其後幾乎美國各州都制定了相關法律，甚至到了1993年，聯邦政府亦制定「反跟蹤法模範法典」（Model Anti-stalking Code for States）。日本於1999年10月26日發生「桶川女大學生纏擾行為殺人事件」，也是一起騷擾在先、殺人在後的案件；被害人是一名女大學生，在日本埼玉縣JR桶川站前的路上被人刺殺，起初本案被認為可能是隨機殺人事件，後來調查才發現被害人之前受到加害人長期的糾纏與騷擾，被害人在受到糾纏騷擾後儘管多次向警察機關尋求保護，但均無疾而終，最後則遭到殺害。本起殺人事件之後，日本國會火速於2000年完成「纏擾行為規制法」（ストーカー行為等の規制等に関する法律）之立法，就此等跟蹤與騷擾

2　「世新情殺案」發生後，鑑於輿論之壓力，警政署也加快腳步著手研商「跟蹤騷擾防制法草案」，有關本法之立法沿革，可參閱以下Q2說明。

行為規定了各種防治措施。德國刑法於2007年增訂刑法第238條之跟蹤糾纏罪（Nachstellung），其所要處罰的行為態樣，不僅止於跟蹤與接近，亦包含以電子通訊的方式騷擾他人（例如打無聲電話、狂發電子郵件），以及濫用他人名義與個資之各種行為（例如以被害人名義購物、散布性交易訊息）；且在2017年將此條由原結果犯改為適性犯，即糾纏行為僅須足以使人被害人生活狀況產生重大改變即可成立本罪。奧地利也於2006年增訂第107a條持續跟追罪（Beharrliche Verfolgung）；荷蘭則是於2000年就在刑法第285b條中制定相關規定。英國與美國更是特別針對「科技跟蹤」（Cyberstalking）加以定義與處罰[3]。

反觀我國，有關跟蹤、騷擾等糾纏行為的規範內容散在於「刑法」、「家庭暴力防治法」、「社會秩序維護法」、「個人資料保護法」及「性別工作平等法」、「性別平等教育法」、「性騷擾防治法」等性平三法防治性騷擾中，常有適用對象狹隘、難以包含跟蹤騷擾之所有態樣、難以處理「反覆、持續性」之糾纏行為脈絡、難遏止或預防持續跟蹤騷擾及難達實際嚇阻與懲罰成效等困境（如表1-1所示）[4]。

3　王皇玉，跟蹤糾纏行為之處罰：以德國法制為中心，臺大法學論叢，第47卷第4期，2018年12月，頁2350-2351。

4　許福生，跟蹤騷擾防制法爭點之評析，中央警察大學警政論叢，第21期，2021年12月，頁6。

表1-1　我國跟蹤騷擾行為法律規範困境

相關法律	即時保護	困境
社會秩序維護法（第89條第2款）	X	1. 只規定「無正當理由跟追他人經勸阻不聽者」，無法涵蓋各種可能的跟騷行為態樣，且跟追者只要每次經勸阻離去即不構成。 2. 跟蹤行為不易辨識與蒐證，只針對單一行為處罰。 3. 罰則太輕（處3,000元以下罰鍰或申誡），對加害者約束力不足。 4. 裁罰頻率很低（2015年至2017年僅24件）。 5. 未看到「反覆、持續性」之跟騷脈絡，即時性不足。
性平三法防治性騷擾	X	1. 性騷擾必須是與「性別和性」有關的言行，且須從整體環境觀察其是否製造令人不舒服的「創造敵意環境」或「利益交換」。 2. 不同對象處理程序不同，對加害者約束力及即時嚇阻力不足。 3. 未看到「反覆、持續性」之跟騷脈絡，即時性不足。
家庭暴力防治法	只有緊急保護令	1. 保護對象僅限家庭成員及年滿16歲親密關係之未同居伴侶（指雙方以情感或性行為為基礎發展親密之社會互動關係）。 2. 跟騷行為之處罰必須依附於民事保護令，需先以遭受家暴為由聲請民事保護令後，加害人進一步違反保護令內容始能以刑罰處罰。 3. 相關案件大多涉及騷擾行為，若只有跟追行為不易取得緊急保護令。 4. 未看到「反覆、持續性」之跟騷脈絡。

（接下頁）

相關法律	即時保護	困境
刑法	X	1. 絕大多數個別跟騷行為惡性實不足以該當於刑法各罪名，進而影響後續執法介入，以致無法達到立即嚇阻效果。 2. 跟騷行為方式若未達到強暴或脅迫程度，即無法以強制罪相繩。 3. 跟騷行為態樣繁多，許多行為並非以恐嚇目的進行，無法以恐嚇危害安全罪相繩。 4. 未看到「反覆、持續性」之跟騷脈絡，即時性不足。
個人資料保護法	X	1. 任意將被害人的個人資料放在如色情網站上公告周知，可處以不法蒐集、處理及利用個人資料罪，無法涵蓋各種可能的跟騷行為態樣。 2. 網路跟騷行為易隱藏真實身分，不易追查，對加害者約束力不足。 3. 未看到「反覆、持續性」之跟騷脈絡，即時性不足。

資料來源：作者自製。

　　然而，就在2021年4月8日屏東縣發生假車禍真擄人命案後，朝野立委要求行政院盡快提出跟蹤騷擾防治法草案，行政院也立即於2021年4月16日及20日召開內政部提出的「糾纏犯罪防治法」草案審查會，且於當年4月22日經行政院院會通過「跟蹤騷擾防制法」草案，函請立法院審查。最後，立法院於2021年11月19日完成「跟蹤騷擾防制法」（以下簡稱本法）三讀程序，總統於2021年12月1日公布全文23條，並自公布後六個月施行，表明參照司法院釋字第689號解釋意旨，明定本法立法目的在保護個人之行動自由、免於身心傷害之身體權、於各場域中得合理期待不受侵擾之自由與個人資料自主權，免於受到跟蹤騷擾行為之過度冒犯或侵擾，並維護個人人格尊

嚴。換言之，本法通過是鑑於跟騷行為經常是重大犯罪前兆，對被害人安全帶來極大威脅，且使被害人心生恐懼、長期處於感受敵意或冒犯之狀態，除造成其心理壓力，亦影響其日常生活方式或社會活動，侵害個人行動與意思決定自由。

　　誠如美國研究跟騷行為專家即曾指出：「從事跟騷行為皆非正常人，且必定存在某種問題。」跟騷者除了具有善於製造心理上恐懼特徵外，亦具有欠缺發展穩定及健康人際關係能力、難以自我認同且希望贏得別人注意等共通特徵，大部分亦有心理或精神上困擾。而為了對跟騷行為做更深入研究，美國心理學家曾依照跟騷者與被跟騷人之間關係將跟騷行為加害人分成以下三類[5]：

一、情愛妄想型（Erotomania Stalker）

　　這類加害人通常患有妄想症，並幻想「被害人是愛著他的」，其被害人常是公眾人物或名人，即使加害人與被害人實際上並不相識，加害人亦會相信被害人跟他存在某種關係；由於彼此間並不相識，所以較少從事直接接觸行為，多採取打電話、寫信等較為間接的跟騷方式。這類加害人常是無法維繫親密關係，在社交能力上有障礙之人，在所有跟騷行為中所占的比例最少，約只占有8%。

二、戀愛強迫型（Love Obsessional Stalker）

　　此類加害人與情愛妄想型跟騷者相同，其多與被害人並不熟識，然不同的是此類加害人在工作上或居住上與被害人仍具有某種程度關係，且會努力與被害人建立私人關係，會將被害

5　法思齊，美國反跟追法（Anti-Stalking Law）之研究—兼論我國相關法制之建構，東吳法律學報，第24卷第3期，2013年1月，頁7-8。

人納入其幻想關係內，有時甚至會強迫被害人加入。這類加害人總是太迫切希望與被害人建立關係，迫切到即使是殺害被害人這樣的負面關係他亦能接受，約占所有跟騷行為中的20%至25%。

三、一般性強迫型（Simple Obsessional Stalker）

此類加害人為最常見跟騷類型，約占所有跟騷行為60%，其與前兩類最大不同在於加害人與被害人間通常曾經存在某種關係，此種關係可能是情人、夫妻、同事亦可能是鄰居關係。加害人通常會在其與被害人間關係產生變化後開始跟騷被害人，跟騷目的通常即在於「恢復其與被害人之間的關係」或是為了要「報復被害人」。一般而言，一般性強迫型跟騷者自我認同感較低，常需藉由貶低、攻擊被害人來建立其自尊，因而常伴隨暴力發生，亦為所有跟騷行為中最危險並最有可能傷害被害人之跟騷類型。

因此，為保障民眾權益並利於遵行，本法選擇社會上常見跟蹤騷擾行為態樣統一規範，並參考先進國家，如美國、英國、歐盟及日本等之立法例，以法律明確細分類型化行為態樣，以便於警方認定與調查；亦是補充性別暴力防制之不足，是性別暴力防制大邁進，聚焦在「與性或性別」，以避免警力過度負擔，因而將跟蹤騷擾行為直接採取犯罪化模式及即時約制（書面告誡）措施，二年內若再犯，可核發保護令及配合預防性羈押，以完善保護婦女安全法制。至於現行其他法律因考量當事人之身分、關係、場所（域）或性別等（如家庭暴力防治法、性騷擾防治法、性別工作平等法或性別平等教育法），別有調查、預防、處遇、處罰或其他規定者，亦得適用之。

Q2

本法立法沿革爲何？

　　有鑑於跟蹤騷擾議題隨著社會新聞逐漸浮上檯面，跟蹤騷擾的普遍性與態樣越趨多元，現代婦女基金會遂於2014年針對高中職及大專院校女學生進行調查，共1,134名受訪者，年齡以15到24歲爲主。統計顯示，超過半數（52.7%）的年輕女學生擔心遭遇跟蹤騷擾，主要擔心對方傷害自己或親友，生命安全恐遭威脅；若對方知道自己的住所、學校或上班地點，可能造成更大困擾或危害。其中有12.4%年輕女學生曾遭遇跟蹤騷擾，跟騷者83.9%爲男性，其中陌生人占29.7%，前男女朋友占25.8%與追求者占23.9%。被跟蹤型態以「通訊騷擾」占77.3%爲最多，透過電話、簡訊、網路等加以騷擾，或是監看當事人的動態等[6]。

　　因此，爲解決跟蹤騷擾問題，現代婦女基金會曾召集專家學者成立了工作小組，著手推動「跟蹤騷擾防制法」立法工作，本法草案曾於2015年立法院第8屆第7會期提出，惟未能順利通過三讀程序而廢案。爲再次倡議社會大眾對本法之重視，2016年3月現代婦女基金會除發起「Anti-Stalking, Taiwan Go！反跟騷，台灣大步走！盡速制定跟蹤騷擾防制法」連署行動外，並於6月與吳志揚立委等共同召開跟蹤騷擾防制法立法公聽會，希望透過匯集學術與實務工作者及倡議團體等各方意見以凝聚立法共識。

6　林美薫、林嘉萍，反制跟蹤騷擾，臺灣大步走，婦研縱橫，第105期，2016年6月，頁10。

　　有鑑於民間團體的積極推動，2016年起內政部警政署也著手研商「跟蹤騷擾防制法草案」，後經多次的研商，決定將原草案修正為「糾纏行為防制法」，而於2018年4月19日經行政院院會通過函請立法院審議。立法院內政、社會福利及衛生環境兩委員會聯席會於同年5月，便安排審查立法委員等所擬具「跟蹤騷擾防制法草案」及「糾纏行為防制法草案」與行政院函請審議「糾纏行為防制法草案」等案，並於同年5月16日初審通過「糾纏行為防制法草案」進行政黨協商，而在同年12月政黨協商完畢，並將草案名稱又改為「跟蹤騷擾防制法」。

　　就在各方期待能於2019年母親節前夕完成三讀作為送給全國婦女母親節禮物的同時，2019年4月30日朝野協商時，警政署以草案與其他法律重疊、案件量大恐排擠治安維護工作為由，懇請暫不推動，最終決議由內政部重新檢討。如此決議也引起婦女團體與國民黨立委的不滿，痛斥行政院「昨是今非」，去年承諾列為優先法案作為「母親節大禮」，今年就從「勢在必行」變成「不宜推動」，令人失望，立委吳志揚更直批，警政署稱當初是因為「世新情殺案」才推動的說法很不負責任（參照2019年5月9日自由時報報導）。甚有婦女團體成員母親節當天投書表示：跟蹤騷擾防制法二讀遭撤「內政部跳票的母親節禮物」[7]，因而呼籲「反跟蹤騷擾防制立法刻不容緩」[8]。縱使內政部針對本案隨即發布新聞稿表示，政府非常重視國人安全，對婦幼安全的保護更不容有一絲一毫疏漏，但因跟蹤騷擾行為的加害人常屬病態行為，相關防範、執行及調查等作業非單靠警察所能獨力完成，需與相關協力機關一起合作，綜合檢討立法，才能跟其他法令共同架構防護網，提供人

7　王珮玲，內政部跳票的母親節禮物，2019年5月12日聯合報民意論壇。
8　王如玄，反跟蹤騷擾防制立法刻不容緩，2019年5月12日聯合報民意論壇。

民安全無慮的生活環境[9]。然就現行防制跟蹤騷擾法令的規定而言，確實有所不足，政府確實有必要立即召集相關部門研討，針對本法案再作修正，並具體提出研修時程，以回應對婦女安全與犯罪被害人保護的重視，否則本法案拖延越久，對政府落實保護婦幼安全與犯罪被害人形象的傷害越大[10]。

　　縱使立法院審理本案因「屆期不連續」胎死腹中，但為能及早防止跟蹤騷擾行為，避免最終以暴力收場的「跟蹤騷擾防制法草案」，第10屆立法院於2020年4月13日內政委員會在審查「糾纏行為防制法草案」、「跟蹤騷擾防制法草案」等4案時，內政部徐國勇部長在朝野立委皆質疑拖延下，允諾將在半年內提出政院版。

　　確實，內政部也於2020年10月13日提出「糾纏犯罪防治法草案」，送行政院審查。內政部警政署表示過去所曾提出的跟蹤騷擾防制法草案版本，保障法益發散、有許多規範與現行法重疊、缺乏跨單位合作等問題，而眾多跟蹤騷擾事件中，又屬來自於迷戀、過度追求等占多數，因而將草案歸防制性別暴力初衷，重申「過度追求就是性騷擾」，若符合「針對特定人」及「反覆持續」要件，即構成糾纏犯罪科以刑責。因而本草案將「糾纏犯罪」定義為：「指經性騷擾防治法、性別平等教育法或性別工作平等法調查成立性騷擾行為，經依各該法律規定之裁罰、懲處、懲戒或糾正後，一年內再次、反覆或持續對同一特定對象實施騷擾、控制、脅迫或其他不法侵害之行為，致其心生畏怖，影響其正常生活進行之犯罪。犯性騷擾防治法第二十五條之罪，經起訴或緩起訴後一年內再有前項後

9　確保國人安全　內政部：要讓跟騷防制法更明確可行，2019年5月9日新聞發布，https://www.moi.gov.tw/chi/chi_news/news_detail.aspx?sn=15985&type_code=02&pages=0&src=news（2019年5月14日造訪）。

10　許福生，別拖！讓跟騷法更明確可行，2019年5月13日聯合報民意論壇。

段行為者，亦同。」惟此草案一出，立即引起婦女團體批評，表示糾纏犯罪防治法草案保護不足，將「跟蹤騷擾等同性騷擾」，無法即時介入[11]。

然而，就在屏東女子遭糾纏擄殺後，朝野立委要求行政院盡快提出跟蹤騷擾防制法草案，行政院也立即回應民意加速審查，於2021年4月22日經行政院院會通過「跟蹤騷擾防制法」草案函請立法院審查。且此次所提之草案，大幅改變原「糾纏犯罪防治法草案」之看法，將跟蹤騷擾行為類型化且直接視為犯罪，警察獲報後，可即時展開刑案偵查，發動拘捕、搜索、移送、建請聲押等刑事強制處分，以預防再犯防止危害；並兼採法院核發保護令狀制度，周延被害人保護。

至於該草案主要要點包含：1.立法目的、本法主管機關及跟蹤騷擾行為定義（草案第1條至第3條）；2.警察機關即時調查、書面告誡及採取適當之保護措施（草案第4條）；3.法院核發保護令之相關聲請、審理、執行程序及保護令內容等事項；我國法院承認外國法院關於跟蹤騷擾之保護令規定（草案第5條至第17條）；4.實行跟蹤騷擾行為者及其違反法院保護令之刑事處罰（草案第18條及第19條）；5.法院審理犯本法之罪案件不公開（草案第20條）；6.法院得為預防性羈押規定（草案第21條）（參照2021年4月22日行政院會院後新聞稿內容）。

此外，第10屆立法委員，共提出29個修法版本，這些版本除後來參照行政院版所提外，均與行政院版將跟蹤騷擾行為直接犯罪化有很大落差，基本上立委們所提的大多數版本，是參考立法院第9屆政黨協商完畢之「跟蹤騷擾防制法草案」，及民間團體共識版之「跟蹤騷擾防制法草案」而成。而這些版

---

11 聯合新聞網，「婦團批糾纏犯罪防治法不足 警政署：回歸防治性別暴力」，2020年11月9日，https://udn.com/news/story/7314/5001536（2021年1月2日造訪）。

本基本上是對跟騷行為採取「先行政後司法」，有別於行政院版的「直接犯罪化」，如立法院第9屆政黨協商版的基本設計是採取循序漸進、逐步加壓、先行政後司法，以保護個人身心安全、行動自由、生活私密領域或資訊隱私，免於受到跟蹤騷擾行為侵擾，並維護個人人格尊嚴。被害人受到跟蹤騷擾行為侵擾時，由警察機關開始調查，對現行實施跟蹤騷擾行為之行為人，警察機關得即時勸阻或制止，有事實足認被害人有受跟蹤騷擾行為之急迫危險者，可核發警告命令；若二年內再犯，被害人可向法院聲請防制令，行為人違反防制令，最高處三年徒刑或併科30萬元罰金（如圖2-1）[12]。

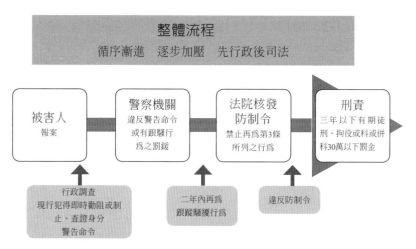

圖2-1　立法院第9屆政黨協商版跟蹤騷擾防制法整體流程
資料來源：警政署刑事警察局。

　　為加速本法之立法進度，立法院立即於2021年5月3日召開第10屆第3會期內政、社會福利及衛生環境委員會第3次聯

12　許福生，讓跟蹤騷擾防制法草案更明確可行之道，警光雜誌，第767期，2020年6月，頁62。

席會議（以下簡稱審查會，委員會紀錄可參照立法院公報第110卷第58期），審查完畢本草案，並保留12條條文交付朝野黨團協商。之後於2021年5月13日立法院第10屆第3會期內政委員會朝野黨團協商會議決議（以下簡稱黨團協商會議，黨團協商紀錄可參照立法院公報第110卷第65期）：修正通過第2條、第12條、第14條、第16條、第18條、第19條、第21條共7條，保留第3條、第4條、第5條、第6條、第13條共5條，送立法院院長召集協商（如附錄一）。立法院院長也分別於2021年11月3日、10日及18日召集黨團協商，協商通過第2條、第12條、第14條、第16條、第18條、第19條、第21條等條文；保留第3條、第4條、時代力量黨團版本增列第5條、第6條、第13條、第14條等條文交付院會處理（如附錄二及附錄三），最後立法院於2021年11月19日完成本法三讀程序，總統於2021年12月1日公布全文，並自公布後六個月施行（如附錄四）。主管機關也於2022年3月18日，分別發布「跟蹤騷擾防制法施行細則」（如附錄五）、「跟蹤騷擾案件保護令執行辦法」（如附錄六），以及於2022年5月13日頒發「警察機關辦理跟蹤騷擾案件作業規定」（如附錄七）。

Q3

本法主要架構爲何？

　　觀之各國糾纏跟騷行爲立法模式，美國採直接犯罪化模式，即糾纏跟騷就是犯罪。德國則採直接犯罪化及司法介入並行模式，在刑法增訂「跟蹤騷擾罪」，將跟騷行爲直接犯罪化，又在「暴力防範法」中規定被跟騷被害人可直接向法院聲請核發「民事保護令」，以司法介入防範跟騷。日本採用「纏擾行爲規制法」專法，明定任何人均不得爲糾纏等行爲，倘若對同一人反覆進行盯梢、監視、要求會面、粗暴言行、傳送電子郵件等糾纏行爲，而使相對人安全、住居平穩、名譽或行動自由顯著受侵害而感到不安時，可處徒刑。另警察機關可以「警告」向行爲人要求停止糾纏等行爲；各地方自治團體的公安委員，也可於行爲人違反警察機關所爲的「警告」，且認爲其有反覆爲糾纏等行爲之虞時，核發「禁止命令」，若違反「禁止命令」，則再以刑罰介入，可謂是採取專法同時將跟騷犯罪化及先行政後司法並行模式。惟就現行國際趨勢顯示出糾纏就是犯罪，將糾纏行爲直接犯罪化是有必要的；再加上糾纏行爲具有持續性高、危險性高、恐懼性高及傷害性高等特性，會令被害人心生不安，亟需公權力即時介入約制保護。保護途徑若採德國式的「司法介入」模式，優點是程序較爲愼重，缺點則是較耗時；若採先警察介入後司法的日本模式，優點是較即時全面並可循序漸進、逐步加壓，缺點是有加重警察工作負擔傾向[13]。

13　許福生，犯罪化＋即時介入 糾纏專法雙保險，2021年4月19日聯合報民意論壇。

最終，本法案三讀通過的立法設計，是將跟蹤騷擾行為態樣具體類型化及犯罪化，並聚集在「與性或性別有關」之行為，且引入即時約制（書面告誡）模式，二年內若再犯法院可核發保護令及配合預防性羈押，並強調部門協力以保護扶助被害人及治療處遇相對人，以補充性別暴力防制之不足。

本法明定跟蹤騷擾行為，係指以人員、車輛、工具、設備、電子通訊、網際網路或其他方法，對特定人反覆或持續為違反其意願且與性或性別有關之「監視跟蹤」、「盯梢尾隨」、「威脅辱罵」、「通訊干擾」、「不當追求」、「寄送物品」、「有害名譽」、「濫用個資」等八類行為之一，使之心生畏怖，足以影響其日常生活或社會活動。實行跟蹤騷擾行為者，處一年以下有期徒刑、拘役或科或併科新臺幣10萬元以下罰金，屬告訴乃論之罪；若攜帶凶器或其他危險物品犯跟騷罪，可處五年有期徒刑、拘役或科或併科50萬元以下罰金。另為保護被害人安全，警察機關調查有跟蹤騷擾行為之犯罪嫌疑者，應依職權或被害人請求核發書面告誡行為人，並告知被害人得行使之權利及服務措施，必要時並應採取其他保護被害人之適當措施。書面告誡二年內，若再為「跟騷行為」，被害人、警察或檢察官得向法院聲請保護令，保護令可禁止相對人為跟蹤騷擾行為、命遠離特定場所一定距離、禁止查閱被害人戶籍資料、完成治療性的處遇計畫及其他為防止相對人再為跟蹤騷擾行為之必要措施，保護令期限一次最長二年、可聲請延長。違反禁止令、遠離令、禁查令及治療令等保護令者，處三年以下有期徒刑、拘役或科或併科30萬元以下罰金。行為人經法官訊問後，認其犯「攜帶凶器或其他危險物品實行跟蹤騷擾行為」或「違反保護令」之罪嫌疑重大，有事實足認為有反覆實行之虞，而有羈押之必要者，得羈押之。因而，本法

其主要架構如圖3-1所示[14]。

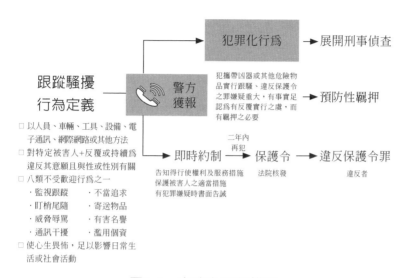

圖3-1 本法主要架構圖

資料來源：作者自製。

---

14 許福生，跟蹤騷擾防制法Q & A，警光雜誌，第786期，2022年1月，頁61-62。

Q4

本法主要內容為何？

　　本法依條文安排包含第1條訂定目的、第2條相關部會權責、第3條跟騷行為定義、第4條警察機關之受理與處置、第5條至第17條相關保護令規定、第18條及第19條罰則、第20條審理不公開、第21條預防性羈押、第22條施行細則及第23條施行日期。

　　現若將本法其主要條文內容再加以分析，可如表4-1所示，並依此說明如後。

表4-1　本法條文架構與內容

第一單元	■ 立法目的§1 ■ 主管機關及目的事業主管機關權責§2 ■ 跟蹤騷擾行為之定義§3	第二單元	■ 警察機關之受理與處置§4
第三單元	■ 保護令之聲請§5 ■ 保護令之聲請程序與審理§6-11，§15Ⅰ ■ 保護令之內容§12 ■ 保護令之效力§13，§17 ■ 保護令之執行§14 ■ 保護令之救濟§15，§16	第四單元	■ 罰則§18，§19 ■ 調取通聯紀錄§18Ⅳ ■ 審理不公開§20 ■ 預防性羈押§21 ■ 施行細則§22 ■ 施行日期§23

資料來源：作者自製。

Q5

本法主管機關及目的事業主管機關權責為何？

第2條（主管機關及目的事業主管機關權責）

本法所稱主管機關：在中央為內政部；在直轄市為直轄市政府；在縣（市）為縣（市）政府。

本法所定事項，主管機關及目的事業主管機關應就其權責範圍，依跟蹤騷擾防制之需要，主動規劃所需保護、預防及宣導措施，對涉及相關機關之防制業務，並應全力配合。其權責如下：

一、主管機關：負責防制政策、法規與方案之研究、規劃、訂定及解釋；案件之統計及公布；人員在職教育訓練；其他統籌及督導防制跟蹤騷擾行為等相關事宜。

二、社政主管機關：跟蹤騷擾被害人保護扶助工作、配合推動跟蹤騷擾防制措施及宣導等相關事宜。

三、衛生主管機關：跟蹤騷擾被害人身心治療、諮商及提供經法院命完成相對人治療性處遇計畫等相關事宜。

四、教育主管機關：各級學校跟蹤騷擾防制教育之推動、跟蹤騷擾被害人就學權益維護及學校輔導諮商支持、校園跟蹤騷擾事件處理之改善等相關事宜。

五、勞動主管機關：被害人之職業安全、職場防制教育、提供或轉介當事人身心治療及諮商等相關事宜。

六、法務主管機關：跟蹤騷擾犯罪之偵查、矯正及再犯預防等刑事司法相關事宜。

七、其他跟蹤騷擾行為防制措施，由相關目的事業主管機關依職權辦理。

中央主管機關為推動前述事項應設置防制跟蹤騷擾推動諮詢小組，遴聘（派）學者專家、民間團體及相關機關代表之人數，不得少於總數二分之一，且任一性別人數不得少於總數三分之一。

一、部門協力合作

跟騷行為防制立法雖然至關重要，但如果沒有明確跟騷行為防治政策和有效執法策略，法律是無法實現保護被害人目的。然觀察各國執法效益卻相當有限，其主要原因包含：1.跟騷案件證據蒐集不易；2.對部分跟騷者難以發揮法律的威嚇效果；3.警察若是孤立的執法將難發揮立法效益；4.對被害人保護不能僅依賴公權力介入尚須提供其他保護措施[15]。如此為了使本法能有效執行，實現本法立法目的，如何落實公私部門協力，以保護支援被害人及治療處遇相對人，便成為本法有效性之重點所在，而非單以警察之力為之。因此，為有效防制跟騷行為，本法強調相關部門協力合作，定明主管機關及目的事業主管機關應就其權責範圍，依跟蹤騷擾防制之需要，主動規劃所需保護、預防及宣導措施，對涉及相關機關之防制業務，並應全力配合。

主管機關，在中央為內政部，在直轄市為直轄市政府，

---

15 黃翠紋，跟蹤騷擾防制法之評析與展望，刑事政策與犯罪研究論文集，2019年12月，頁283-286。

在縣（市）為縣（市）政府，應負責防制政策、法規與方案之研究、規劃、訂定及解釋；案件之統計及公布；人員在職教育訓練；其他統籌及督導防制跟蹤騷擾行為等相關事宜。又依照立法院三讀通過本法時所做附帶決議：「（一）有關『主管機關……其他統籌及督導防制跟蹤騷擾行為等相關事宜』，應包含：(1) 督導及推展跟蹤騷擾防制教育。(2) 協調被害人保護及相對人處遇計畫。(3) 建立並管理跟蹤騷擾電子資料庫，供法官、檢察官、警察及其他政府機關使用，並對被害人個人資料予以保密。（二）因中央及地方主管機關與相關目的事業主管機關負責事項龐雜，為擴大可運用之資源及社會參與層面，俾利防制工作之推動，中央及地方主管機關與相關目的事業主管機關辦理本法各項工作，得按權責與實際需求自行或委託民間團體，提供被害人下列協助：(1) 人身安全保護。(2) 必要之醫療協助。(3) 通譯服務。(4) 法律協助。(5) 心理輔導及諮詢服務。(6) 案件偵查或審理中陪同接受詢（訊）問。(7) 必要之經濟補助。(8) 其他必要之協助。」

至於社政主管機關其權責為跟蹤騷擾被害人保護扶助工作、配合推動跟蹤騷擾防制措施及宣導等相關事宜。衛生主管機關其權責為跟蹤騷擾被害人身心治療、諮商及提供經法院命完成相對人治療性處遇計畫等相關事宜。教育主管機關其權責為各級學校跟蹤騷擾防制教育之推動、跟蹤騷擾被害人就學權益維護及學校輔導諮商支持、校園跟蹤騷擾事件處理之改善等相關事宜。勞動主管機關其權責為被害人之職業安全、職場防制教育、提供或轉介當事人身心治療及諮商等相關事宜。法務主管機關其權責為跟蹤騷擾犯罪之偵查、矯正及再犯預防等刑事司法相關事宜。又設置防制跟蹤騷擾推動諮詢小組，推動這些應辦理之事項。

二、本法施行細則相關規定

　　主管機關及目的事業主管機關應指定專人辦理跟蹤騷擾防制業務（細則第17條）。警察機關受理跟蹤騷擾案件，應即派員處理，並轉介相關目的事業主管機關依權責提供被害人保護服務措施（細則第7條）。中央主管機關爲辦理本法第2條第2項第1款之統籌及督導事宜，應建置及管理跟蹤騷擾電子資料庫。前項跟蹤騷擾電子資料，包括下列電子資料：1.司法院提供之保護令及有關之裁定；2.警察機關提供之處理跟蹤騷擾案件通報表、書面告誡之核發與簽收紀錄及保護令執行紀錄表；3.其他經中央主管機關協商相關機關提供之跟蹤騷擾案件被害人或相對人有關之資料。前項電子資料，由司法院、警察機關及相關機關定期傳輸至跟蹤騷擾電子資料庫，並指定專人辦理跟蹤騷擾電子資料庫有關事項（細則第2條）。

　　中央主管機關應備置電腦軟、硬體設施，以管理、儲存跟蹤騷擾電子資料。電子資料提供機關應自備電腦硬體設施，以建立、傳輸或查詢跟蹤騷擾電子資料（細則第3條）。法院、檢察署、衛生主管機關、警察機關及直轄市、縣（市）主管機關辦理跟蹤騷擾防制案件人員，因執行職務必要，得使用跟蹤騷擾電子資料庫相關資料（細則第4條）。因職務或業務所知悉之跟蹤騷擾電子資料，除法律另有規定外，應予保密。處理及使用跟蹤騷擾電子資料，應採取必要之保密措施，違反保密義務者，依相關法令規定處理（細則第5條）。

Q6

怎樣才算是「跟蹤騷擾行為」？

第3條（跟蹤騷擾行為定義）

本法所稱跟蹤騷擾行為，指以人員、車輛、工具、設備、電子通訊、網際網路或其他方法，對特定人反覆或持續為違反其意願且與性或性別有關之下列行為之一，使之心生畏怖，足以影響其日常生活或社會活動：

一、監視、觀察、跟蹤或知悉特定人行蹤。

二、以盯梢、守候、尾隨或其他類似方式接近特定人之住所、居所、學校、工作場所、經常出入或活動之場所。

三、對特定人為警告、威脅、嘲弄、辱罵、歧視、仇恨、貶抑或其他相類之言語或動作。

四、以電話、傳真、電子通訊、網際網路或其他設備，對特定人進行干擾。

五、對特定人要求約會、聯絡或為其他追求行為。

六、對特定人寄送、留置、展示或播送文字、圖畫、聲音、影像或其他物品。

七、向特定人告知或出示有害其名譽之訊息或物品。

八、濫用特定人資料或未經其同意，訂購貨品或服務。

對特定人之配偶、直系血親、同居親屬或與特定人社會生活關係密切之人，以前項之方法反覆或持續為違反其意願而與性或性別無關之各款行為之一，使之心生畏怖，足以影響其日常生活或社會活動，亦為本法所稱跟蹤騷擾行為。

　　本法所稱跟蹤騷擾行為，係指以人員、車輛、工具、設備、電子通訊、網際網路或其他方法，對特定人反覆或持續為違反其意願且與性或性別有關之「監視跟蹤」、「盯梢尾隨」、「威脅辱罵」、「通訊干擾」、「不當追求」、「寄送物品」、「有害名譽」、「濫用個資」等八類行為之一，使之心生畏怖，足以影響其日常生活或社會活動。

一、實行之方式

　　以人員、車輛、工具、設備、電子通訊、網際網路或其他方法為之，即本條各款所定跟蹤騷擾行為，包含運用口語、文字、符號、肢體動作、表情或電子科技通訊方式等，足以表露行為人意思之行為，故於序文整合規定實行跟蹤騷擾行為之各種方法。

二、對特定人

　　本條之實施對象需對特定人為之，但對實務常見行為人為追求特定人，而對特定人之配偶、直系血親、同居親屬或與特定人社會生活關係密切之人，實行違反其意願而與性或性別無關之跟蹤騷擾行為，為避免產生規範缺漏，本法將與該特定人之配偶、直系血親、同居親屬或與特定人社會生活關係密切之人納入保護。至於所稱社會生活關係密切之人，包含以家庭、職場、學校或其他正常社交關係為基礎，與該特定人處於穩定互動關係之人。

　　再者，本法其立法目的係保護個人法益，故若非針對特定個人或對象，而係針對某特定或不特定之族群為仇恨、歧視言論者，自無本法之適用。

三、反覆或持續

　　「反覆」是指重複為複數次的意思，而實行同一行為或不同款之跟騷行為；「持續」是指接連不斷，或維持相當一段時間的一次性行為，如在社群媒體刊登有關個人性隱私訊息而不刪除。若偶然一次為之，即不屬於反覆或持續。現若參考外國法制實務，德國聯邦最高法院認為判斷「持續反覆」要件，重點在於行為人是否顯露出不尊重被害人反對的意願，或對被害人的想法採取漠視而無所謂的心態；奧地利刑法認為應從「時間限度」，即長時間的騷擾，結合「量的限度」，即次數與頻繁度作整體評價；日本則認為所謂「反覆」，係指複數次重複為之，以時間上的近接性為必要，並就個別具體事案作判斷。另本條適用非指全數款項之要件皆須成立，僅須反覆或持續從事第1項各款行為之一項或數項，即有本條適用（參照立法說明）。

　　有關反覆或持續進一步解釋，德國刑法所謂「持續反覆」（beharrlich），則不管何種行為態樣，均必須具有「持續性」或「反覆性」，故只是偶然一次為之，並不成立本罪。至於究竟應持續多久時間或次數多頻繁，雖無一定限制，但德國實務見解採取較寬鬆之認定，原則上同類的跟蹤騷擾行為達5次，例如打騷擾電話5次，即屬「持續反覆」。但德國聯邦最高法院亦有判決認為，判斷「持續反覆」此一要件的重點在於行為人是否顯露出不尊重被害人反對的意願，或對被害人的想法採取漠視而無所謂之心態所為之舉動。又在奧地利刑法上，是否具「適合於發生損害」，於認定上可以從「時間向度」來判斷，若是長時間的騷擾則屬之；倘若僅是偶然發生一次的行為，並不屬之；不過同時也必須從「量的向度」來判斷，也就是從次數與頻繁度來判斷是否具有適性，因此究竟如何才算長期與反覆為之，必須整體評價。有主張一個月內必

須至少有3次較為嚴重的跟蹤或干擾行為，或是數個月內至少有10次輕微的跟蹤騷擾行為。但如果是以網際網路的方式騷擾，例如在網路上以被害人名義貼文提供性交易服務，即便貼文只是一次性的行為，如果一直長期的放任不刪除貼文，也可認為以不作為方式「持續」的騷擾[16]。

日本實務則認為「反覆」的概念，是指重複為複數次的意思，包括在短時間內連續為數次，也包括一定時間間隔下規律地為數次（例如每月一次持續數年）的情形[17]。亦即依「持續時間」和「次數」等做綜合判斷，而非僅以形式的重複為該當事由判斷之；因而即使重複兩次，如果經過很長時間再重複為之，也可能不該當「重複」之意思（參照日本最高法院平成15年12月11日判決）[18]。

因此，反覆或持續之判斷，應以時間上的近接性為必要，並需就「持續時間」和「次數」等其他個別具體事案綜合判斷，甚至行為人的主觀要素亦是判斷之一。故未來確定的判斷標準，仍有賴實務案例累積歸納出。

四、違反意願

被害人明示或可得推定的反對，即是違反意願。然而，若被害人未表達意願或不置可否，則不屬之。

16　王皇玉，跟蹤糾纏行為之處罰：以德國法制為中心，臺大法學論叢，第47卷第4期，2018年12月，頁2376-2379。

17　黃士軒，概觀日本糾纏騷擾行為罪的處罰概況，月旦刑事法評論，第5期，2017年6月，頁98。

18　今村暢好，つきまとい行為に対する刑事規制の特殊性と諸問題，松山大學論集，第30卷第5-1號，2018年12月，頁53。

五、與性或性別有關

　　本法參考諸外國法制經驗，美國加州於1989年發生女演員遭瘋狂追求二年之粉絲殺害、同年亦有四起婦女受到前親密伴侶跟蹤騷擾後殺害等案件，促使該州於次年制定世界上第一部反跟追法案，跟蹤騷擾者科以刑責，並累積案例形成洛杉磯警察局分類架構（LAPD Framework），將行為分為「一般性強迫型」、「戀愛強迫型」及「情愛妄想型」等三類。

　　另外，日本於1999年發生桶川事件，一女大學生被前男友跟蹤騷擾並殺害，遂於次年通過纏擾行為規制法。依2021年最新修正之該法，所稱之「糾纏」等行為，係指表達對特定人之戀愛感情或其他好感，或因此等戀愛感情無法滿足轉而生怨恨之目的，對該特定人、其配偶、直系或同居之親屬、或其他與該特定人在社會生活上有密切關係之人，為：1.「糾纏盯梢」；2.「監視告知」；3.「不當追求」；4.「粗暴辱罵」；5.「通訊干擾」；6.「寄送污物」；7.「有害名譽」；8.「性羞辱事」各款行為之一者或是「未經其承諾而取得位置資訊等」。且該法所稱之「糾纏行為」（ストーカー行為），係指對同一人，反覆進行糾纏等行為，且是就前述第1款至第4款及第5款（以有關傳送電子郵件部分為限）所揭之行為或「未經其承諾而取得位置資訊等」，而以使被害人感到其身體安全、居住之安寧或名譽受侵害，或行動自由顯著受害而感到不安之方法進行者為限。為糾纏行為之人，即使未接受禁止命令，亦將其視為犯罪，依該法第18條的規定科處一年以下懲役或100萬元以下罰金[19]。

　　日本此次修法，最主要是近年來發生交往後分手的情

19　ストーカー行為等の規制等に関する法律全文，https://elaws.e-gov.go.jp/document?lawid=412AC0100000081（2022年4月4日造訪）。

人，將GPS設備偷偷安裝在對方汽車上，並獲取其位置資訊案例，但2020年7月30日最高法院判決指出在汽車上安裝GPS設備不該當該法中所謂「盯梢」（見張り）行為，因若要該當於住宅等附近進行「盯梢」行為，即便是使用設備，是有必要在特定人附近的某個地方，觀察特定人動靜方是合理。促使2021年日本針對該法進行修正增訂下列行為態樣：1.使用GPS設備等未經其承諾而取得位置資訊等；2.擴張被害人「現在所在之場所」概念，包含被害人碰巧路過的地方；3.含文書發送，之前僅限於撥打電話、發送電子郵件和簡訊。然此次修正最大爭論，仍是日本政府受到被害人團體強烈要求應刪除對特定人「好感」之要件，連日本不分黨派國會議員都有贊成應予以刪除看法，但最後討論結果仍保留該要件，暫不予刪除，惟要求下次修正時應以充分討論檢討之[20]。

　　至於我國近年來發生多起社會矚目案件，均屬行為人基於性或性別之犯行，於跟蹤騷擾過程中，造成該被害人生命、身體等重大法益遭受侵害或致生風險。因此，依前開案例及研究得知，跟蹤騷擾行為主要源自迷戀、追求（占有）未遂、權力與控制、性別歧視、性報復或性勒索等因素，是類與性或性別有關之跟蹤騷擾行為人，無視對方意願的施加大量關注甚至意圖控制，其行為顯示將被害人當成自己的附屬品，因而具有發生率、恐懼性、危險性及傷害性四高特徵，爰本法以防制性別暴力為立法意旨，並以「與性或性別相關」定明行為構成要件；至有無該當跟蹤騷擾行為，應一併衡酌被害人主觀感受，並以「合理被害人」（指被害人面對爭議事件之感受是當時當地面對相同狀況的一般被害人常有的合理感受）為檢視標準（參照立法說明）[21]。

20　2021年8月20日朝日新聞第13版報導。

21　本條最後在警政署擔心範圍過廣，恐侵害人權及警力負擔太重情況下，仍把

　　所謂與性或性別相關，依「消除對婦女一切形式歧視公約」（The Convention on the Elimination of all Forms of Discrimination Against Women，以下簡稱CEDAW或公約）第28號一般性建議意旨，這裡的「性」指的是男性與婦女的生理差異；「性別」指的是社會意義上的身分、歸屬和婦女與男性的作用，以及社會對生理差異所賦予的社會和文化含義，正導致男性與婦女之間的等級關係，亦造成男性在權力分配和行使權利時處於有利地位，婦女則處於不利地位。而在CEDAW性別歧視定義指出，「任何區別、排斥或限制行為，如果其影響或目的足以妨礙或否認婦女認識、享有或行使其人權和基本自由，這類行為即屬歧視，即使這類歧視並非有意為之」。這可能意味即使對婦女和男性給予相同或中性的待遇，若不承認婦女在性別方面，本來已處於弱勢地位且面臨不平等，前述待遇的後果或影響，將導致婦女行使其權利時受拒，則仍可能構成對婦女的歧視。又雖然CEDAW僅提及性歧視，但依第28號一般性建議意旨，結合對CEDAW第1條[22]和第2條(f)款[23]和第5條(a)款[24]的解釋表明，CEDAW也涵蓋對婦女的性別歧視；亦即隨著法治化發展、性別主流化概念普及與性別意識提升，CEDAW保護範圍已不限生理女性，而擴及各種性別及性取向者。

跟騷定義限縮在「與性或性別」的框架裡，立法院仍照政院版條文三讀通過。只是，無端被「跟騷」未必「與性或性別」有關，因而也為本法之通過留下諸多爭議。

22　第1條規定：「在本公約中，『對婦女的歧視』一詞指基於性別而作的任何區別、排斥或限制，其影響或其目的均足以妨礙或否認婦女不論已婚未婚在男女平等的基礎上認識、享有或行使在政治、經濟、社會、文化、公民或任何其他方面的人權和基本自由。」

23　第2條(f)款規定：「採取一切適當措施，包括制定法律，以修改或廢除構成對婦女歧視的現行法律、規章、習俗和慣例。」

24　第5條(a)款規定：「改變男女的社會和文化行為模式，以消除基於性別而分尊卑觀念或基於男女任務定型所產生的偏見、習俗和一切其他做法。」

　　再者，儘管在其關於暴力侵害婦女行為，CEDAW第12號一般性建議中首次提到，「各締約國採取行動，保護婦女不受發生在家庭、工作崗位或其他社會生活領域內的任何暴力行為之害」，但委員會在CEDAW第19號一般性建議中才提供了關於暴力侵害婦女行為的詳細和全面概述，並提供了其後續就該問題開展工作的依據，認為「歧視的定義包括基於性別的暴力」，即因為婦女的性別而對之施加的暴力或不成比例地影響婦女的暴力，且其構成對人權的侵犯，包括身體、心理或性的傷害、痛苦、施加威脅、壓制和剝奪其他行動自由。之後關於基於性別的暴力侵害婦女行為，CEDAW第35號一般性建議，更新第19號一般性建議，即係「基於性別的暴力侵害婦女行為」是一種將「女性在地位上從屬於男性」及其「陳規定型角色加以固化」的根本性社會、政治和經濟手段，此種暴力對實現男女平等以及婦女享有公約所規定的人權和基本自由構成了嚴重阻礙。

　　因此，「性別暴力」是一種「基於性別的暴力侵害婦女行為」，以明示性別造成的原因和對暴力的影響，不再僅以衝突、報復等人際行為動機視之，而強調這種暴力是鞏固宰制的手段。且近年來隨著性別意識提升，亦包含同性戀、雙性戀、跨性別等多元性別暴力範疇。如此，與「性或性別有關」之行為，包含：1.與性相關的行為，是指行為人基於性而為的行為，如要求交往、過度或不當追求、癡情迷戀；2.與性相關的暴力行為，如為滿足性慾的性侵害、性剝削、性攻擊、家庭暴力行為，和破壞被害人所享與性有關寧靜及不受干擾平和狀態之性騷擾行為[25]；3.與性別相關的行為，是指行為人基於男

---

[25] 按性騷擾防治法第25條強制觸摸罪即在規範對被害人之身體為偷襲式、短暫式、有性暗示之不當觸摸，含有調戲意味，而使人有不舒服之感覺，但不符合強制猥褻之構成要件之行為而言。如此，強制猥褻罪乃以其他性主體為洩慾之工具，俾求得行為人自我性慾之滿足，強制觸摸罪則意在騷擾觸摸之對

女生理差異，而做的不同對待行爲，如粗重的工作就是男生要做、女性不適合夜間工作[26]；4.與性別相關的暴力行爲，如性別歧視、性霸凌、性貶抑、性威脅等言行舉止。

六、行為類型

　　本法爲明確規範所欲防制之跟蹤騷擾行爲，並使民眾清楚知悉或具體認知可罰行爲之內容，將跟蹤騷擾行爲分爲如下八類態樣，以資明確（如表6-1所示）。

表6-1　我國跟蹤騷擾行為態樣

跟騷態樣	行為列舉
1.「監視跟蹤」 監視、觀察、跟蹤或知悉特定人行蹤。	如緊跟在被害人後面、持續性關注被害人行蹤。
2.「盯梢尾隨」 以盯梢、守候、尾隨或其他類似方式接近特定人之住所、居所、學校、工作場所、經常出入或活動之場所。	如在被害人住居所等經常出入等地附近守候、尾隨在被害人身後、埋伏在被害人通勤或通學的途中、行爲人受退去之要求仍留滯該等場所。

（接下頁）

象，不以性慾之滿足爲必要；究其侵害之法益，前者乃侵害被害人之性自主權，即妨害被害人性意思形成、決定之自由，後者則尚未達於妨害性意思之自由，而僅破壞被害人所享有關於性、性別等，與性有關之寧靜、不受干擾之平和狀態（參照最高法院109年度台上字第862號刑事判決意旨）。有關兩者之區別，可參照許福生，強制猥褻或是強制觸摸案例之分析，警光雜誌，第785期，2021年12月，頁38-45。

26 司法院釋字第807號解釋文即表示：「勞動基準法第49條第1項規定：『雇主不得使女工於午後十時至翌晨六時之時間內工作。但雇主經工會同意，如事業單位無工會者，經勞資會議同意後，且符合下列各款規定者，不在此限：一、提供必要之安全衛生設施。二、無大眾運輸工具可資運用時，提供交通工具或安排女工宿舍。』違反憲法第7條保障性別平等之意旨，應自本解釋公布之日起失其效力。」

跟騷態樣	行為列舉
3.「威脅辱罵」 　對特定人為警告、威脅、嘲弄、辱罵、歧視、仇恨、貶抑或其他相類之言語或動作。	如大聲喝斥被害人混蛋、在被害人住家外狂叫或亂按喇叭、對被害人發表性別歧視言論。
4.「通訊干擾」 　以電話、傳真、電子通訊、網際網路或其他設備，對特定人進行干擾。	如撥打無聲電話或發送內容空白之傳真或電子訊息給被害人、不論是否遭到拒絕仍繼續撥打電話、傳真到被害人電話、不論是否遭到拒絕仍不斷發送傳真或傳送電子訊息給被害人。
5.「不當追求」 　對特定人要求約會、聯絡或為其他追求行為。	如不管是否遭到拒絕希望被害人與其交往、約會或出遊。
6.「寄送物品」 　對特定人寄送、留置、展示或播送文字、圖畫、聲音、影像或其他物品。	如對被害人寄送禮物、文書或影音等物品。
7.「有害名譽」 　向特定人告知或出示有害其名譽之訊息或物品。	如將傷害被害人名譽的訊息或物品寄送給被害人。
8.「濫用個資」 　濫用特定人資料或未經其同意，訂購貨品或服務。	如未經被害人同意以被害人名意訂購物品。

資料來源：作者自製。

七、使心生畏怖足以影響正常生活或其他社會活動

　　畏怖之判斷標準，應以已使被害人明顯感受不安或恐懼，並逾越社會通念所能容忍之界限。判斷上不必繫於被害人之生活方式實際已有所改變，只要能具體指出一些受干擾之徵

兆，如壓力來自於行為人跟騷即可。又通常應配合跟蹤騷擾的行為方式、次數、頻率，以各被害人主觀上之感受，綜合社會通念判斷之。如同刑法第305條恐嚇安全罪規定於妨害自由罪章，「以該法第305條規範對於以加害生命、身體、自由、名譽、財產之事，恐嚇他人致生危害於安全者之刑責，目的在於保護個人免受不當外力施加恐懼的意思自由法益；倘以使人畏怖為目的，為惡害之通知，受通知人因心生畏懼而有不安全感，即該當於本罪，不以客觀上發生實際的危害為必要；又惡害之通知方式並無限制，凡一切之言語、舉動，不論直接或間接，足以使他人生畏懼心者，均包含在內；至是否有使被害人心生畏懼，應以各被害人主觀上之感受，綜合社會通念判斷之」[27]。

八、跟蹤騷擾認定之案例分析

　　有關跟蹤騷擾之認定，應就個案審酌事件發生之背景、環境、當事人之關係、行為人與被害人之認知及行為人言行連續性等具體事實為之（本法細則第6條）。如同性騷擾之認定，應依個案事件發生之背景、當事人之關係、環境、行為人言詞、行為及相對人認知等具體事實綜合判斷，應由被害人感受出發，以其個人觀點思考，著重於被害人主觀感受及所受影響，非以行為人侵犯意圖判定，但須輔以「合理被害人」標準，考量一般人處於相同之背景、關係及環境下、對行為人言詞或行為是否通常有遭受性騷擾之感受而認定[28]。

　　現若A女於2022年6月1日凌晨自捷運中山國小站搭乘往南勢角方向列車，途中察覺B男一直注視自己，感到畏懼、不舒

27　參照最高法院107年度台上字第1864號刑事判決。
28　參照臺北高等行政法院108年度訴字第1397號判決。

服，因此變化車廂位置2次，但B男也隨之更換，A女確認自己遭跟蹤後，即刻按下車廂內緊急對講機請求協助。沒想到，A女今年6月30日凌晨0時又在中山國小站搭乘往南勢角方向的末班車時，驚覺再度遭B男尾隨，立刻按下車廂緊急對講機，列車至行天宮站時，捷警及站務人員隨即將雙方帶下車處置，然B男矢口否認有跟騷A女，B男如此行為是否符合本法跟騷定義？（改編自2022年2月24日聯合報報導案例）。

本案在警方受理後，應啟動刑事調查，蒐集相關事證，如調閱監視器、調取手機通信紀錄、查閱通訊軟體對話訊息、詢問相關證人及行為人，確認二人關係，了解B男於6月1日及30日上車時間及尾隨與不斷接近A女過程之言行舉止，特別是6月1日A女認被B男尾隨請求協助後，為何6月30日又再次尾隨；A女對本事件之處理方式及對方之回應，本事件對A女生活影響與轉變等，並就「持續時間」、「次數」及A男的主觀要素等其他個別具體事項綜合判斷，以確認是否有反覆或持續實施與性或性別有關的尾隨、盯梢行為，而使A女心生畏怖足以影響其日常生活或社會活動。

現若現場調閱監視器及詢問當事人後，發覺彼此為陌生關係，且B男多次在A女上班捷運起迄站尾隨A女，過程中不斷接近A女，縱使A女途中已察覺B男一直注視自己，感到畏懼、不舒服，因此變化車廂位置2次，但B男也隨之更換再接近A女，如此若依據跟騷罪構成要件逐一檢視，B男之行為，確實是以人員肢體動作方式對特定被害人A女，於一個月內反覆為之違反其意願之尾隨行為，並使其感到畏懼、變化車廂並立刻按下車廂緊急對講機等要件，只是構成跟騷行為尚需與「性或性別」有關的尾隨行為方可，面對此陌生關係且在大眾捷運上的單純注視不發一話，在證據之判斷上確實有所困難。

惟若就本案發生之背景、環境、當事人之關係、行為人與被害人之認知及行為人言行連續性等具體事實綜合判斷，在一

般日子凌晨的末班車上應是人數不多的狀況，在有諸多空位的
情況下，B男在過程中不止不斷接近A女且一直注視A女，過
程中A女已感到畏懼、不舒服，因此變化車廂位置2次，但B男
也隨之更換再接近A女，若以合理被害人來看，一般被害人在
此相同情況下，也會感受到B男是具有性意涵的尾隨行為，因
而這樣的行為初步判斷是與「性或性別」有關，應可構成跟騷
行為。

Q7

判斷跟蹤騷擾行爲有何困難點？

　　本法已將跟蹤騷擾行爲犯罪化，因而員警如何認定該行爲是否符合跟騷行爲構成要件，便爲適用本法首要之舉，因其牽涉到是否可依現行犯加以逮捕之，及涉嫌跟騷行爲核發書面告誡等問題。然而，本法是在實害犯罪發生前的行爲規制，係基於危險犯概念，使國家公權力得大幅提早介入調查及處罰，因此在構成要件判斷上難免會有所困難。縱使如立法理由所言，依憲法第23條規定及司法院大法官釋字第476號、第544號等解釋意旨，國家對於特定事項所爲之立法政策，應符合目的正當、手段必要及限制妥當之比例原則，而將其適用範圍限縮在易發生危險行爲，保護生命、身體及自由等核心法益免受侵害，以符合比例原則，然仍會面臨下列規範上的問題點[29]：

一、沒有物理性被害致危險性判斷困難

　　跟騷行爲本身很難認識到有物理損壞的具體危險，所以危險性判斷相當困難，如果要強行定義被害結果，可能會以被害人極爲主觀、抽象的「困惑感」、「不快感」或「不安感」來認定；如此對於沒有明確認定對客觀法益有侵害或危險性的行爲，如果只考慮被害人內心因素「不安感」等來認定是犯罪行爲而加以處罰，極可能會侵害到人民的行動自由及表現自由。

29　今村暢好，つきまとい行爲に対する刑事規制の特殊性と諸問題，松山大學論集，第30卷第5-1號，2018年12月，頁39-41。

二、難以特定及識別跟騷行為

　　即使創造了跟騷行為概念，且將行為態樣具體類型化，也很難定義什麼樣的作為或不作為狀態是構成要件的行為；亦即縱使在條文中對行為進行定義，但在事實認定階段，亦會面臨很難判斷是否該當此構成要件；如第一次單純地守候，第二次要求約會，第三次則在輕鬆的氣氛中邀約用餐，是否該當「跟騷行為」？判斷上確實有一定難度。

三、難以與不具危險類似跟騷行為區分開來

　　應該禁止的危險跟騷行為，與不具危險類似跟騷行為要明確區分並不容易，例如在返家途中剛好認出前方幾米處是認識的異性，持續在其後方步行15分鐘，即使客觀看起來像是有「跟騷行為」，但也不過是返家途中走相同的道路罷了。如此，跟騷行為的具體內容，也有可能由個別觀之「未必與犯罪有關」的日常行為構成（例如持續地向對方告白示愛、在道路上行走等）。在這種情況下，通常會設置和過濾主觀要件來限制處罰範圍，只是除了加上故意主觀要件之外，又要要求什麼樣的要件化，仍然是一個難題。又從被害人的角度來看，可以認為沒有必要對加害人提出比故意更多的主觀要求。

Q8

被害人遭受跟騷警察機關如何受理與處置？

第4條（警察機關之受理與處置）

警察機關受理跟蹤騷擾行為案件，應即開始調查、製作書面紀錄，並告知被害人得行使之權利及服務措施。

前項案件經調查有跟蹤騷擾行為之犯罪嫌疑者，警察機關應依職權或被害人之請求，核發書面告誡予行為人；必要時，並應採取其他保護被害人之適當措施。

行為人或被害人對於警察機關核發或不核發書面告誡不服時，得於收受書面告誡或不核發書面告誡之通知後十日內，經原警察機關向其上級警察機關表示異議。

前項異議，原警察機關認為有理由者，應立即更正之；認為無理由者，應於五日內加具書面理由送上級警察機關決定。上級警察機關認為有理由者，應立即更正之；認為無理由者，應予維持。

行為人或被害人對於前項上級警察機關之決定，不得再聲明不服。

一、啟動刑事調查程序

被害人遭受跟騷，可以立即向警察機關報案。警察機關受理跟蹤騷擾行為案件，應即開始調查、製作書面紀錄。亦即司

法警察（官）知有跟騷之犯罪嫌疑者，除依刑事訴訟法開始調查外，應不待被害人提出告訴或自訴，以通知、警告、制止等方法，使行為人即時停止跟騷，以達迅速保護被害人，且可供檢察機關實施強制處分之參考，或法院審核是否核發保護令之前提；又在此所稱犯罪嫌疑，係指有初始嫌疑即可，無須達到司法警察（官）移送檢察官或檢察官提起公訴之程度，但非單純臆測而有該犯罪可能者。

二、核發書面告誡

　　依日本實務研究，部分跟蹤騷擾行為人對其已實際影響他人之作為欠缺自覺，故在纏擾行為規制法以「警告」要求行為人不得再為之，縱使違反警告並無罰則規定，仍有八成以上行為人經受警告後即停止再為跟蹤騷擾，故本法參考日本立法例設計「書面告誡」制度。又「書面告誡」性質，屬刑事調查程序中之任意處分（參照立法理由）[30]。其目的在於讓警察能即時介入，透過書面告誡方式，遏阻行為人再犯，達到保護被害人目的。因此，案件經調查有跟蹤騷擾行為之犯罪嫌疑者，警察機關應依職權或被害人之請求，核發書面告誡予行為人。

　　所核發之書面告誡，應記載下列事項：1.行為人之姓名、性別、出生年月日、國民身分證統一編號或其他身分證明文件字號及住所或居所；2.案由；3.告誡事由；4.違反之法律效果；5.救濟方式。書面告誡之送達，行為人在場者，應即時行之。第1項書面告誡之核發或不核發，應以書面通知被害人，且所為書面告誡之核發，不以被害人提出告訴為限（本法細則

30　書面告誡對被告誡人仍有一定之強制法效果，且期間長達二年，對於被告誡人之人身自由、隱私及名譽難免有所侵害，書面告誡救濟授權警察機關得自行認定，未受檢察官及法院之監督，是否合乎正當法律程序原則之要求，仍值得關注。

第9條及第10條）。

　　倘若警察機關爲危害防止，經審認個案有即時約制行爲人再犯之必要者，應不待被害人請求，主動核發書面告誡（本法細則第11條）。

三、表示異議之處理

　　行爲人或被害人對於警察機關核發或不核發書面告誡不服時，得於收受書面告誡或不核發書面告誡之通知後10日內，經原警察機關向其上級警察機關表示異議。前項異議，原警察機關認爲有理由者，應立即更正之；認爲無理由者，應於5日內加具書面理由送上級警察機關決定。上級警察機關認爲有理由者，應立即更正之；認爲無理由者，應予維持。行爲人或被害人對於前項上級警察機關之決定，不得再聲明不服。

　　行爲人或被害人依本條表示異議時，應以書面爲之，載明下列事項：1.異議人之姓名、出生年月日、國民身分證統一編號或其他身分證明文件字號及住所或居所；2.異議之事實及理由；3.證據；4.書面告誡或不核發書面告誡通知文書之日期、案（字）號。至於條文所稱更正，指依行爲人異議，撤銷書面告誡；或依被害人異議，核發書面告誡予行爲人（本法細則第12條及第13條）。

四、被害人權利告知及保護措施

　　爲防止跟蹤騷擾行爲惡化，參考家庭暴力防治法第48條等規定，明定警察機關受理跟騷案件後，應告知被害人得行使之權利及服務措施，如可依相關性平三法提出性騷擾申訴；必要時，並應採取其他保護被害人之適當措施，如參考家暴法規定護送被害人返家及查訪相對人與訪查被害人及其家庭成員。或可參考日本所提供的保護措施，如輔導如何防治措施、租借

監視器材、防犯警報鈴等物品防範加害人的進一步動作；教導記錄及蒐集行為人相關騷擾證據[31]；身心受損相關證明文件等資料且需常與相關部門密切地聯繫，以協助被害人[32]；或轉介相關目的事業主管機關，依權責提供被害人保護服務措施[33]。又在此所稱被害人，包括本法第3條第1項之特定人及同條第2項所列舉之人。有關警方受理報案之處置，如圖8-1所示。

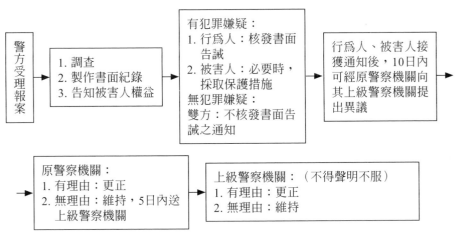

圖8-1　警方受理報案之處置

資料來源：法務部。

---

31 如：1.詳細記錄事件發生的人事時地物；2.保存確鑿的證據，包含蒐集證人姓名聯絡方式、相關證據資料如照片及監視錄影；3.記錄你對本事件之處理方式；4.對方或相關人之回應和結果；5.記錄本事件對你的影響及對生活的轉變等。

32 近藤朋子，日本跟蹤騷擾行為規制法之研究，涉外執法與政策學報，第8期，2018年5月，頁170-172。

33 目前各地警察局所規劃受理跟騷案件安全提醒單，其保護資訊包含：1.冷靜應對尋求協助；2.蒐集證據記錄過程；3.提升自我防衛意識；4.避免直接正面接觸；5.緊急求救撥打110專線。

誰可以聲請保護令？

第5條（保護令之聲請）
行為人經警察機關依前條第二項規定為書面告誡後二年內，再為跟蹤騷擾行為者，被害人得向法院聲請保護令；被害人為未成年人、身心障礙者或因故難以委任代理人者，其配偶、法定代理人、三親等內之血親或姻親，得為其向法院聲請之。
檢察官或警察機關得依職權向法院聲請保護令。
保護令之聲請、撤銷、變更、延長及抗告，均免徵裁判費，並準用民事訴訟法第七十七條之二十三第四項規定。
家庭暴力防治法所定家庭成員間、現有或曾有親密關係之未同居伴侶間之跟蹤騷擾行為，應依家庭暴力防治法規定聲請民事保護令，不適用本法關於保護令之規定。

一、前提要件

在行為人經警察機關為書面告誡後二年內，再為跟蹤騷擾行為者。

二、聲請權人

（一）被害人

　　在行為人經警察機關為書面告誡後二年內，再為跟蹤騷擾行為者，被害人得向法院聲請保護令；被害人為未成年人、身心障礙者或因故難以委任代理人者，其配偶、法定代理人、三親等內之血親或姻親，得為其向法院聲請之。另保護令之聲請不以提出刑事告訴為必要。

（二）檢察官或警察機關

　　檢察官或警察機關身為公益的代表，得依職權向法院聲請保護令。倘檢察官或警察機關，考量個案具體危險情境，且不受書面告誡先行之限制，可直接依職權向法院聲請保護令，如此也可發揮類似緊急保護令之作用（本法細則第15條）。

（三）排除可依家庭暴力防治法聲請者

　　按「家庭成員」或「現有或曾有親密關係之未同居伴侶」所為之跟蹤騷擾行為，亦為家庭暴力行為。家庭暴力防治法已針對家庭暴力之特性，就民事保護令之核發及其款項，以及違反保護令之效果，有周全之規範。為求對家庭暴力被害人保護之一致性，就家庭成員間或現有或曾有親密關係之未同居伴侶間所為之跟蹤騷擾行為，應依家庭暴力防治法規定聲請民事保護令（含緊急、暫時及通常民事保護令），不適用本法有關聲請保護令之規定。

三、期間生效日

　　書面告誡後所定二年期間，自書面告誡送達發生效力之日起算。

四、免徵裁判費

　　保護令係基於保護被害人而定，具公益性質，參考家庭暴力防治法第10條規定，定明免徵裁判費事項，並準用民事訴訟法第77條之23第4項規定。

Q10

保護令聲請之管轄為何？

第6條（保護令聲請之管轄）
保護令之聲請，應以書狀為之，由被害人之住居所地、相對人之住居所地或跟蹤騷擾行為地或結果地之地方法院管轄。
法院為定管轄權，得調查被害人或相對人之住居所。經聲請人或被害人要求保密被害人之住居所者，法院應以秘密方式訊問，將該筆錄及相關資料密封，並禁止閱覽。

一、聲請方式

以書狀為之。

二、管轄法院

由被害人之住居所地、相對人之住居所地或跟蹤騷擾行為地或結果地之地方法院管轄。為釐清管轄權，法院得依職權調查被害人、相對人之住所或居所。又為避免被害人之住所及居所洩漏，經聲請人或被害人要求，法院應以秘密方式訊問，將該筆錄及相關資料密封，並禁止閱覽。

三、相對人

在此所稱相對人，係指跟蹤騷擾行為人。

Q11

保護令聲請書應載明事項為何？

第7條（聲請書應載明事項）
前條聲請書應載明下列各款事項：
一、聲請人、被害人之姓名及住所或居所；聲請人為機關
　　者，其名稱及公務所。
二、相對人之姓名、住所或居所及身分證明文件字號。
三、有法定代理人、代理人者，其姓名、住所或居所及法
　　定代理人與當事人之關係。
四、聲請之意旨及其原因事實；聲請之意旨應包括聲請核
　　發之具體措施。
五、供證明或釋明用之證據。
六、附屬文件及其件數。
七、法院。
八、年、月、日。
前項聲請書得不記載聲請人或被害人之住所及居所，僅記
載其送達處所。
聲請人或其代理人應於聲請書內簽名；其不能簽名者，得
使他人代書姓名，由聲請人或其代理人蓋章或按指印。

一、應載明事項

　　為識別裁判之對象、確定審理之方向及界限範圍，以利保
護令事件程序之進行，參考家事事件法第75條第3項及非訟事

件法第30條第1項，規定聲請書應記載下列事項：1.聲請人、被害人之姓名及住所或居所；聲請人為機關者，其名稱及公務所；2.相對人之姓名、住所或居所及身分證明文件字號；3.有法定代理人、代理人者，其姓名、住所或居所及法定代理人與當事人之關係；4.聲請之意旨及其原因事實；聲請之意旨應包括聲請核發之具體措施。在此所稱之具體措施，指依本法第12條第1項法院核發之各款保護令；5.供證明或釋明用之證據；6.附屬文件及其件數；7.法院；8.年、月、日。

二、得不記載事項

　　為保護聲請人或被害人，保護令之聲請書得不記載住所及居所，僅記載送達處所。

三、簽名之處理

　　為求慎重及便利民眾聲請，參考非訟事件法第30條第2項規定，聲請人或其代理人應於聲請書內簽名；其不能簽名者，得使他人代書姓名，由聲請人或其代理人蓋章或按指印。

保護令事件之審理為何？

第8條（聲請保護令得駁回及命補正情形）
聲請保護令之程式或要件有欠缺者，法院應以裁定駁回之。但其情形可以補正者，應定期間先命補正。

第9條（命相對人陳述意見）
法院收受聲請書後，除得定期間命聲請人以書狀或於期日就特定事項詳為陳述外，應速將聲請書繕本送達於相對人，並限期命其陳述意見。

第10條（保護令審理不公開）
保護令案件之審理不公開。
法院得依職權或依聲請調查事實及必要之證據，並得隔別訊問；必要時得依聲請或依職權於法庭外為之，或採有聲音及影像相互傳送之科技設備或其他適當隔離措施。
法院為調查事實，得命當事人或法定代理人親自到場。
法院認為當事人之聲明或陳述不明瞭或不完足者，得曉諭其敘明或補充之。
法院受理保護令之聲請後，應即行審理程序，不得以被害人、聲請人及相對人間有其他案件偵查或訴訟繫屬為由，延緩核發保護令。

因職務或業務知悉或持有被害人姓名、出生年月日、住居所及其他足資識別其身分之資料者，除法律另有規定外，應予保密。警察人員必要時應採取保護被害人之安全措施。

行政機關、司法機關所製作必須公示之文書，不得揭露被害人之姓名、出生年月日、住居所及其他足資識別被害人身分之資訊。

第11條（得聲明承受程序）

被害人以外之聲請人因死亡、喪失資格或其他事由致不能續行程序者，其他有聲請權人得於該事由發生時起十日內聲明承受程序；法院亦得依職權通知承受程序。

前項情形雖無人承受程序，法院認為必要時，應續行之。

被害人或相對人於裁定確定前死亡者，關於本案視為程序終結。

第15條第1項（準用非訟事件法有關規定）

保護令之程序，除本法別有規定外，準用非訟事件法有關規定。

一、聲請保護令得駁回及命補正

聲請保護令之程式或要件有欠缺者，法院應以裁定駁回之，惟考量案件聲請時效，避免聲請人往返耗時，對於可補正者，應先命補正。

二、命相對人陳述意見

　　爲期保護令事件審理之流暢、司法資源之合理運用，保障相對人能夠瞭解聲請人之主張意旨及證據資料，以利其防禦權之實施，並達盡速釐清爭點之目的，參考家事事件法第76條及非訟事件法第30條之2等規定，聲請人自應對於程序之進行負擔一定之協力義務，規定保護令事件程序之前階段原則採書面審理主義，法院於收受聲請人之聲請書後，如認其就紛爭有關之特定事項陳述未臻完備時，得定期命聲請人詳爲陳述，並應盡速將聲請書繕本送達相對人，限期命爲陳述意見，以免程序拖延。

三、保護令事件審理不公開

　　因保護令案件涉及人民一般社交或私生活領域，爲保障當事人之隱私，是類事件不公開審理。又參考非訟事件法第32條第1項及家庭暴力防治法第13條第3項規定，法院就保護令案件得依職權或聲請調查事實及必要之證據，並得隔別訊問。案件之調查，如能訊問當事人或法定代理人，將使事實易於彰顯，有助於法院作成判斷，法院爲調查事實之必要，得命當事人或法定代理人親自到場。另爲盡速釐清事實，並避免發生突襲性裁判，於當事人之聲明、事實上及法律上陳述有不明瞭或不完足情形，法院得曉諭其敘明或補充之。再爲使被害人保護更加周延，參考家庭暴力防治法第13條第8項規定，不得以當事人間有其他案件偵查或訴訟繫屬爲由，延緩核發保護令之規定。

四、不得揭露足資識別被害人身分資料

　　參酌「性侵害犯罪防治法」第12條規定，足資識別被害

人之資訊應予保密及不得揭露，故規定行政機關、司法機關所製作必須公示之文書，不得揭露被害人之姓名、出生年月日、住居所及其他足資識別被害人身分之資訊。又在此所稱其他足資識別被害人身分之資料，包括被害人照片或影像、聲音、住址、聯絡方式、就讀學校、班級、工作場所、親屬姓名及與其之關係或其他得以直接或間接方式識別該個人之資料。

五、得聲明承受程序

　　為求程序之經濟及便利，被害人以外之聲請人因死亡、喪失資格或其他事由致不能續行程序時，應許其他有聲請權人得聲明承受程序，參考家事事件法第80條第1項及非訟事件法第35條之2等規定，俾以利用同一保護令事件程序續為處理；又為免程序延宕，法院亦得依職權通知其承受程序；另法院依職權通知承受之期限屬法官權限之範圍。保護令事件，如已無法令所定聲請權人向法院聲明承受程序，法院認為必要時，應續行程序，以充分保障被害人之權益。

六、程序之終結

　　又為避免無聲請利益之保護令審理程序繼續進行，被害人或相對人於裁定確定前死亡者，視為程序終結，賦予法院終結該程序之依據。

七、準用非訟事件法有關規定

　　關於保護令之核發生、審理、抗告、再抗告及其他程序規定，於性質相同範圍內，準用非訟事件法第一章總則第四節聲請及處理、第五節裁定及抗告之規定。

Q13

保護令內容爲何？

第12條（保護令內容）

法院於審理終結後，認有跟蹤騷擾行為之事實且有必要者，應依聲請或依職權核發包括下列一款或數款之保護令：
一、禁止相對人為第三條第一項各款行為之一，並得命相對人遠離特定場所一定距離。
二、禁止相對人查閱被害人戶籍資料。
三、命相對人完成治療性處遇計畫。
四、其他為防止相對人再為跟蹤騷擾行為之必要措施。
相對人治療性處遇計畫相關規範，由中央衛生主管機關定之。
保護令得不記載聲請人之住所、居所及其他聯絡資訊。

一、保護令之內容

　　法院於審理終結後，認有必要者，應核發包括下列一款或數款之保護令，不受聲請之限制：1.禁止相對人爲跟蹤騷擾行爲，並得命遠離特定場所一定距離；2.爲了保護被害人個資，法院也可以禁止相對人查閱被害人戶籍資料；3.如果相對人有治療需要，也可命相對人完成治療性的處遇計畫；4.其他爲防止相對人再爲跟蹤騷擾行爲之必要措施。相對人違反1.至3.這些保護令要求，會構成違反保護令罪，可處三年以下有期徒

刑、拘役或科或併科新臺幣30萬元以下罰金。另違反核發其他為防止再為跟蹤騷擾行為之必要措施，不在違反保護令罪的範圍。

二、訂定治療性處遇計畫相關規範

由中央衛生主管機關，制定相對人治療性處遇計畫相關規範。中央衛生主管機關衛生福利部於2022年5月19日發布「跟蹤騷擾案件相對人治療性處遇計畫規範」（如附錄八）。

三、得不記載之資訊

為避免相對人藉由記載事項獲知聲請人或被害人之住所、居所及其他聯絡資訊，進而繼續跟蹤騷擾或衍生其他不法侵害，規定法院得不記載這些相關資訊。

Q14

保護令效力爲何？

第13條（保護令效力）

保護令有效期間最長為二年，自核發時起生效。

保護令有效期間屆滿前，法院得依被害人或第五條第一項後段規定聲請權人之聲請或依職權撤銷、變更或延長之；保護令有效期間之延長，每次不得超過二年。

檢察官或警察機關得為前項延長保護令之聲請。

被害人或第五條第一項後段規定聲請權人聲請變更或延長保護令，於法院裁定前，原保護令不失其效力。檢察官及警察機關依前項規定聲請延長保護令，亦同。

法院受理延長保護令之聲請後，應即時通知被害人、聲請人、相對人、檢察官及警察機關。

第17條（外國法院保護令之效力）

外國法院關於跟蹤騷擾行為之保護令，經聲請中華民國法院裁定承認後，得執行之。

被害人或聲請權人向法院聲請承認外國法院關於跟蹤騷擾行為之保護令，有民事訴訟法第四百零二條第一項第一款至第三款所列情形之一者，法院應駁回其聲請。

外國法院關於跟蹤騷擾行為之保護令，其核發地國對於中華民國法院之保護令不予承認者，法院得駁回其聲請。

一、保護令有效期間及延長

（一）參考家庭暴力防治法第15條規定，保護令有效期間最長為二年，自核發時起生效。

（二）保護令於有效期間屆滿前，法院得依被害人或相關聲請權人聲請撤銷、變更或延長保護令；且保護令有效期間之延長，每次不得超過二年。

（三）為避免被害人擔心遭報復等因素致未聲請延長保護令，周延被害人之保護，檢察官或警察機關得聲請延長保護令。

（四）考量變更或延長保護令聲請期間，如原保護令期間已屆滿，但法院尚未裁定，恐造成保護之空窗期，故規定法院受理被害人等聲請變更或延長保護令，或檢察官、警察機關聲請延長保護令，於法院裁定前，原保護令不失其效力。

二、即時通知

　　為利當事人遵守及警察機關等執行原保護令規範內容，法院受理延長保護令聲請後，應即時通知被害人、聲請人、相對人、檢察官及警察機關；另警察機關應提供法院即時通知之聯繫窗口，並適時協助法院聯繫相關人員，以周延通知機制。

三、外國法院保護令之效力

（一）外國法院之保護令，係指經外國法院審查核發之相關保護令狀，須經我國法院裁定承認其效力後，始得執行，但有民事訴訟法第402條第1項第1款至第3款所列情形之一者，法院應駁回其聲請。

（二）鑑於我國現時面臨國際政治情勢之特殊性，賦予法院得
　　　視具體情況，決定承認或不予承認外國法院關於跟蹤騷
　　　擾行為之保護令。

Q15

保護令由誰執行之？

第14條（保護令執行）

法院應於核發保護令後二十四小時內發送被害人、聲請人、相對人、裁定內容所指定之人及執行之機關。

有關保護令之送達、期日、期間及證據，準用民事訴訟法之規定。

保護令由直轄市、縣（市）主管機關執行之；執行之方法、應遵行程序及其他相關事項之辦法，由中央主管機關定之。

一、治療性處遇計畫令之執行

命相對人完成治療性處遇計畫之保護令事項，由直轄市、縣（市）衛生主管機關執行之。

二、禁止查閱戶籍資料令之執行

禁止查閱戶籍資料之保護令事項，由被害人戶籍地之戶政事務所執行之。

三、其他保護令之執行

其他保護令事項，由警察機關執行之。

四、發送之期限

　　參考家庭暴力防治法第18條第1項規定，保護令裁定應送達於當事人及執行機關，另爲爭取時效，即時保護被害人，保護令應於核發後24小時內發送。

五、準用之規定

　　參考非訟事件法第31條規定，有關保護令之送達、期日、期間及證據，準用民事訴訟法之規定。

Q16

關於保護令之救濟爲何？

第15條第2項至第3項（保護令裁定之救濟）
關於保護令之裁定，除有特別規定者外，得爲抗告；抗告中不停止執行。
對於抗告法院之裁定，不得再抗告。

第16條（向執行之機關聲明異議）
被害人、聲請人或相對人對於執行保護令之方法、應遵行之程序或其他侵害利益之情事，得於執行程序終結前，向執行之機關聲明異議。
前項聲明異議，執行之機關認其有理由者，應即停止執行並撤銷或更正已爲之執行行爲；認其無理由者，應於十日內加具意見，送核發保護令之法院裁定之。
對於前項法院之裁定，不得抗告。

一、抗告

　　保護令之裁定，除有特別規定者外，得爲抗告；抗告中不停止執行。對於抗告法院之裁定，不得再抗告。

二、聲明異議

（一）被害人、聲請人或相對人對於執行保護令之方法、應遵行之程序或其他侵害利益之情事，得於執行程序終結前，向執行之機關聲明異議。

（二）聲明異議者，應以書面或言詞提出；其以言詞為之者，受理之人員或單位應作成紀錄，經向聲明異議者朗讀或使閱覽，確認其內容無誤後，由其簽名或蓋章。聲明異議之書面內容或言詞作成之紀錄，應載明異議人之姓名及異議事由。

（三）前述聲明異議，執行之機關認其有理由者，應即停止執行並撤銷或更正已為之執行行為；認其無理由者，應於10日內加具意見，送核發保護令之法院裁定之。對於法院之裁定，不得抗告。

（四）依前述聲明異議者，未經原核發保護令法院撤銷、變更或停止執行之裁定前，仍應繼續執行。

Q17

本法有哪些處罰規定？

第18條（實行跟蹤騷擾行為罰則）

實行跟蹤騷擾行為者，處一年以下有期徒刑、拘役或科或併科新臺幣十萬元以下罰金。

攜帶凶器或其他危險物品犯前項之罪者，處五年以下有期徒刑、拘役或科或併科新臺幣五十萬元以下罰金。

第一項之罪，須告訴乃論。

檢察官偵查第一項之罪及司法警察官因調查犯罪情形、蒐集證據，認有調取通信紀錄及通訊使用者資料之必要時，不受通訊保障及監察法第十一條之一第一項所定最重本刑三年以上有期徒刑之罪之限制。

第19條（違反保護令罪罰則）

違反法院依第十二條第一項第一款至第三款所為之保護令者，處三年以下有期徒刑、拘役或科或併科新臺幣三十萬元以下罰金。

第20條（審理不公開）

法院審理前二條犯罪案件不公開。

一、普通跟蹤騷擾罪

　　跟騷行為具態樣複合性，常係多種不法侵害之行為同時進行，另因其係對特定人反覆或持續實施侵擾，使被害人長期處於不安環境中，嚴重影響其正常生活之進行，侵害個人行動及意思決定自由，故實行跟蹤騷擾行為者，處一年以下有期徒刑、拘役或科或併科新臺幣10萬元以下罰金。另因跟騷行為，其一定程度著重於被害人主觀感受其所受影響，基於尊重被害人意志決定自由，本罪屬告訴乃論之罪。

二、加重跟蹤騷擾罪

　　攜帶凶器或其他危險物品實行跟蹤騷擾行為，其犯罪之手段已加重，危險及惡害均提升、情節更嚴重，故加重其刑度可處五年以下有期徒刑、拘役或科或併科新臺幣50萬元以下罰金，且屬非告訴乃論之罪。目前實務上對於所謂「凶器」之種類並無限制，凡客觀上足對人之生命、身體、安全構成威脅，具有危險性者，均屬之（參照最高法院100年度台上字第2672號刑事判決）；但器械是否危險除一般用途外，還是要考慮在特定脈絡下，做綜合評價，避免處罰過重，特別是本罪跟蹤類型範圍相當廣泛，仍需依個案綜合判斷。

三、違反保護令罪

　　法院核發保護令後，相對人仍違反其內容者，顯已侵害被害人之人身安全、社會活動及法律威信，故違反法院所核發：1.禁止相對人為跟蹤騷擾行為，並得命遠離特定場所一定距離；2.禁止相對人查閱被害人戶籍資料；3.命相對人完成治療性的處遇計畫等行為之一者，可處三年以下有期徒刑、拘役或科或併科新臺幣30萬元以下罰金。

四、可調取通聯紀錄

　　依照通訊保障及監察法規定，檢察官或司法警察官要調取通訊使用者資料或通訊紀錄，原則要取得法院核發的調取票，而且調查的罪名也限制在「最重本刑三年以上有期徒刑之罪」，過去像是輕罪的公然侮辱、誹謗，都不在可以調取的範圍。本法有關實行跟騷行為罪法定刑是一年以下有期徒刑也是輕罪，本來也不在可以調取通訊使用者資料跟通訊紀錄的範圍，但本法特別規定，檢察官偵查實行跟騷行為之罪及司法警察官因調查犯罪情形、蒐集證據時，認有調取通信紀錄及通訊使用者資料之必要時，不受通訊保障及監察法第11條之1第1項所定最重本刑三年以上有期徒刑之罪之限制，可調取之。

五、審理不公開

　　因犯本法第18條跟蹤騷擾罪或第19條違反保護令罪之案件涉及性或性別，為保障當事人隱私，參考性侵害犯罪防治法第18條規定，是類案件不公開審理。

Q18

何種狀況可實施預防性羈押？

第21條（預防性羈押）
行為人經法官訊問後，認其犯第十八條第二項、第十九條之罪嫌疑重大，有事實足認為有反覆實行之虞，而有羈押之必要者，得羈押之。

　　跟蹤騷擾行為具反覆或持續性，再犯率高，自有增列預防性羈押之必要。故為了更周延保護被害人，行為人經法官訊問後，認其犯「攜帶凶器或其他危險物品實行跟蹤騷擾行為」或「違反保護令」之罪嫌疑重大，有事實足認為有反覆實行之虞，而有羈押之必要者，得羈押之。

Q19

本法施行細則由誰定之？

第22條（施行細則）
本法施行細則，由主管機關定之。

一、本法施行細則，由主管機關定之。

二、主管機關於2022年3月18日發布「跟蹤騷擾防制法施行細則」，全文共計18條，其要點包含：1.電子資料庫之建置管理、查詢利用及保密義務；2.跟蹤騷擾之認定原則；3.書面告誡記載事項、送達程序及核發原則；4.表示異議之方式、應記載事項及更正之程序；5.書面告誡生效日期；6.檢察官或警察機關職權聲請保護令情形；7.具體說明足資識別被害人身分資料種類（如附錄五）。

Q20

本法何時施行？又警察體系如何因應？

第23條（施行日期）
本法自公布後六個月施行。

　　一、本法於2021年12月1日奉總統公布，並定自2022年6月1日施行。

　　二、本法先前遲遲未能立法，最主要還是擔心對警力的負擔。因此警政署於本法研議過程，透過蒐羅國內外研究文獻，並從2019年7月起執行「警察機關防制跟蹤騷擾案件計畫」擷取實務經驗，另持續彙整輿情案例，藉由逐案分析以釐清現行各法令適用範圍，進而確立「聚焦性別暴力案類」、「行為犯罪化」、「犯罪調查與即時保護併行」、「補充現行法之不足」及「納入跨部會協力機制」立法原則。況且依據警政署以受理報案系統「跟蹤」、「騷擾」及「糾纏」等關鍵字檢索，雖數據並不精確，但推估每年約7,600件左右跟騷行為案件，若再加上家暴、性騷擾案件約有2萬5,000多件，數量相當可觀。倘若本法施行後，除上述對象已明的案件外，對象不明的案件也會浮現出來，再加上本法增加跟騷行為案件之調查、跟騷行為之告誡書及執行保護令等事項，其對於警察機關原有之勤業務將會產生嚴重衝擊，排擠維護治安及交通之警力，確實是值得注意。有鑑於此，內政部為讓新法能順利上路，盡速於半年內完成員警執行新措施的教育訓練，以及配套子法的訂

定；且朝向整合公私部門力量，落實推動相關工作，同時也將於新法施行三年內，針對實務執行狀況提出研析報告，持續檢討精進，共同打造國人更放心的生活環境。

三、由於本法是針對犯罪發生前的行為規制，係基於危險犯概念，使國家公權力得大幅提早介入調查及處罰，故未來執法時，對本罪構成要件及即時介入判斷基準難免會失準而引起爭議。因而本法施行後除了必須注意執法人力配置外，加強相關執法教育訓練便很重要。目前教育訓練可針對之前發生的案例，對照新法施行後警方應有作為加以比較分析，讓基層同仁逐漸熟悉本法及其與其他相關法律之適用；亦即透過「累積案例」並持續觀察「行為態樣」來建構「適用規則」並「逐步檢核」之，讓執法準則更明確可行。

四、危機就是轉機，為因應本法之施行以加強保障婦幼及國人的安全，應整合犯罪被害人警察保護體系，增加犯罪被害人警察保護體系的量能，建議可將警政署的行政組、防治組及刑事局的犯罪預防科整併為「生活安全局」與「刑事警察局」並行；將直轄市、縣市警察局防治科、犯罪預防科及婦幼警察隊與少年警察隊合併為「防治警察大隊」與「刑事警察大隊」並行；警察分局成立「防治隊」與「偵查隊」並行等整體警察組織重整。

Q21

跟騷與性騷擾之區別爲何？

　　「性騷擾」是一種非自願性、不受歡迎且令人不愉快的（感受），與性或性別有關言語或身體行爲（內容與態樣），而且該行爲目的或結果會影響正常生活進行（結果）。爲有效處理性騷擾議題，立法院陸續於2002年通過「性別工作平等法」，2004年通過「性別平等教育法」，2005年通過「性騷擾防治法」。上述性平三法有關「性騷擾」之定義，如表21-1所示，基本類型均包含敵意工作環境性騷擾（如因性歧視而造成敵意或辱罵之工作環境）及交換利益性騷擾（如以順服性要求作爲給予工作或服務等利益條件）兩種。但三法定義仍有些差異，「性騷擾防治法」及「性別平等教育法」均將性侵害犯罪排除在性騷擾概念外。而「性別工作平等法」明定性騷擾行爲須符合「具有性意味或性別歧視之言詞或行爲」要件；「性別平等教育法」卻規定敵意環境性騷擾須具備「具有性意味或性別歧視之言詞或行爲」，交換利益性騷擾則須具備「以性或性別有關之行爲」要件；「性騷擾防治法」則定性騷擾行爲須符合「與性或性別有關之行爲」要件，如此將造成同樣的行爲，因適用不同法律而有不同結果發生[34]。

34　高鳳仙，性暴力防治法規，新學林，2005年，頁96。

表21-1　性騷擾防治三法性騷擾之定義

法理定義	性別工作平等法（第12條）	性別平等教育法（第2條）	性騷擾防治法（第2條）
前提	謂下列二款情形之一。	指符合下列情形之一，且未達性侵害之程度者。	指性侵害犯罪以外，對他人實施違反其意願而與性或性別有關之行為，且有下列情形之一者。
敵意環境性騷擾	受僱者於執行職務時，任何人以性要求、具有性意味或性別歧視之言詞或行為，對其造成敵意性、脅迫性或冒犯性之工作環境，致侵犯或干擾其人格尊嚴、人身自由或影響其工作表現。	以明示或暗示之方式，從事不受歡迎且具有性意味或性別歧視之言詞或行為，致影響他人之人格尊嚴、學習、或工作之機會或表現者。	以展示或播送文字、圖畫、聲音、影像或其他物品之方式，或以歧視、侮辱之言行，或以他法，而有損害他人人格尊嚴，或造成使人心生畏怖、感受敵意或冒犯之情境，或不當影響其工作、教育、訓練、服務、計畫、活動或正常生活之進行。
交換利益性騷擾	雇主對受僱者或求職者為明示或暗示之性要求、具有性意味或性別歧視之言詞或行為，作為勞務契約成立、存續、變更或分發、配置、報酬、考績、陞遷、降調、獎懲等之交換條件。	以性或性別有關之行為，作為自己或他人獲得、喪失或減損其學習或工作有關權益之條件者。	以該他人順服或拒絕該行為，作為其獲得、喪失或減損與工作、教育、訓練、服務、計畫、活動有關權益之條件。

（接下頁）

備註	1. 交換利益性騷擾及敵意環境性騷擾兩者區別在於行為者之性利益要求是否用以交換被騷擾者之工作、教育、訓練、服務等有關權益。 2. 敵意環境性騷擾在認定上並不如交換利益性騷擾那麼明確，因有許多主觀因素存在其中，而其認定標準是依據「合理被害人」標準以及採「明確合理之法則」。

資料來源：作者自製。

　　就性騷擾態樣而言，一般可包含「性的騷擾」與「性別的騷擾」。性的騷擾包括：1.涉及言語，如在課堂或辦公室開黃腔；2.涉及不當碰觸，如上下其手、強抱或強吻；3.涉及散播文字、圖畫、影音；4.涉及過度追求、不當追求、電子郵件騷擾、簡訊騷擾、跟監、分手報復等；5.其他，如指定座位、穿著、敵意注視偷窺、要求發生性行為等。性別的騷擾包括：1.性別特質的騷擾，如說人娘娘腔、男人婆；2.性別認同的騷擾，如說人不男不女；3.性別傾向的騷擾，如發表歧視同性戀之言語等。

　　相較於性騷擾，本法所稱跟蹤騷擾行為，係指以人員、車輛、工具、設備、電子通訊、網際網路或其他方法，對特定人反覆或持續為違反其意願且與性或性別有關之「監視跟蹤」、「盯梢尾隨」、「威脅辱罵」、「通訊干擾」、「不當追求」、「寄送物品」、「有害名譽」、「濫用個資」等八類行為之一，使之心生畏怖，足以影響其日常生活或社會活動。

　　因此，就行為類型而言，跟蹤騷擾類型確實與性騷擾不同，跟騷行為具體化八大類型，其規範較性騷擾行為更細緻化，如此細緻化行為態樣，未來也可供性騷擾判斷之參考，以避免如「痴戀學妹長期跟蹤」，學校性平會決議認定，「行為不構成性騷擾，但屬高風險行為」發生（參照自由時報2019年4月24日報導）。依據臺北高等行政法院107年度訴字第883

號判決所言：「原告原係被告電機系4年級學生，因修習通識課程認識其同系學妹甲女，甲女於2017年5月31日向被告性平會提出申訴，表示原告自同年3月間開始會守在其上課、吃飯必經路上，跟隨至其上課地點或宿舍，出現次數頻繁，1天約見到原告4次，即使其改變路徑，原告仍會繼續尾隨或改到其目的地等候，雖明確告知其行為造成困擾，原告仍執意為之，致其恐懼不安等語。案經被告2017學年度第2次性平會決議認定原告之行為『雖不構成性騷擾』，惟『已屬高風險行為』，建請擬定安全計畫及相關教育權益之保護措施；並明確告知原告不得再以各種形式跟蹤或騷擾甲女，如再犯將依校規處置，並要求原告接受心理諮商及精神科醫師之治療。……本件原告自承因喜歡甲女、想要看見甲女，因此才會想要接近，核屬前述糾纏行為，已嚴重侵害甲女之身心安全、行動自由、私密隱私，原告主張其僅在空閒的時候看一下甲女，無傷害之意，並非犯罪云云，完全無視其持續以尾隨、盯梢、守候或其他類似方式之糾纏行為，已影響他人權益，業如前述，當非以原告自認無傷害他人之意，即可合理化其行為態樣，其主張自不足採。」

　　由於本件學校性平會調查報告屬保密不公開，故無法得知本案學校性平會為何決議認定李男行為「不構成性騷擾，但屬高風險行為」；但臺北高等行政法院認定，李男自承喜歡學妹，且持續糾纏等行為已影響他人權益，學校為維護校園安寧，而將李男退學並無違誤。由於本案屬典型的校園跟蹤騷擾行為，跟騷法施行後，這樣的行為便有跟騷法的適用，且也較認同「過度追求就是性騷擾」。

　　如同以臺灣高等法院105年度上易字第1352號民事判決為例，兩造最主要爭點便是「以語言及過度追求等行為，侵害其工作及人格尊嚴之人格法益，是否構成性騷擾之侵權行為，應負賠償責任？」最後本判決認為：「性騷擾不以向受騷擾人講

黃色笑話或有肢體不當接觸為限,任何人以性或性別關係而為具有性意味或性別歧視之言詞或行為,造成敵意性、脅迫性或冒犯性之工作環境,不當影響工作等之性騷擾行為,應構成對工作自由及人格尊嚴之人格法益侵害之侵權行為。上訴人為已婚身分,卻不當追求與其有醫療業務協力關係之被上訴人,且因診所雇主倚重上訴人執行醫療業務以維持診所之營運,上訴人於追求遭拒後,即經常藉故公事針對被上訴人發怒,過度追求男女關係,並引發工作上衝突等情,業如前述,上訴人所為應可認已侵害被上訴人之人格尊嚴,並影響被上訴人工作表現,自符合前開性騷擾防治法及性別工作平等法所稱性騷擾。且診所之實際雇主如僅以隔開被上訴人、安撫上訴人之方式,處理上訴人之前開不當行為,違反職場性騷擾之防治義務,診所亦經新北市政府裁罰10萬元,益證上訴人所為確屬性騷擾無誤。上訴人僅以證人聽聞兩造爭執事件僅有公事部分之爭吵或並未聽聞上訴人說過黃色笑話等辯詞主張其無性騷擾行為云云,並無可探。」

Q22

跟騷與性騷擾之認定標準爲何？

　　由於性騷擾概念具有相當主觀性及不確定性，因而某種行爲或言語究竟構不構成性騷擾，會隨著個人性別、性傾向差異、成長背景、思想觀念、人際互動模式、當下情境等條件而可能有不同的看法與感受；不論是言語、文字、動作，甚至非言語的各種表示型態，只要具有性意味或性別歧視意涵，且接受者感覺不舒服、不歡迎此類言行舉止，即可能屬性騷擾行爲。是性騷擾之認定，應依個案事件發生之背景、當事人之關係、環境、行爲人言詞、行爲及相對人認知等具體事實綜合判斷，應由被害人感受出發，以其個人觀點思考，著重於被害人主觀感受及所受影響，非以行爲人侵犯意圖判定，但須輔以「合理被害人」標準，考量一般人處於相同之背景、關係及環境下、對行爲人言詞或行爲是否通常有遭受性騷擾之感受而認定（參照臺北高等行政法院108年度訴字第1397號判決）。又屬行政事件之性騷擾事件，因非刑事案件，於行政程序或行政救濟中，尚不得逕自採用刑事程序之證據排除法則。又判斷性騷擾成立與否之證據法則，不應如刑事程序適用無合理懷疑之標準，亦應適用「明確合理之法則」，即一般理性之人，在相同之證據上，均會認爲有性騷擾之可能時，始能認定之（參照臺北高等行政法院107年度訴字第687號判決）。

　　相對地，有關跟蹤騷擾之認定，亦應就個案審酌事件發生之背景、環境、當事人之關係、行爲人與被害人之認知及行爲人言行連續性等具體事實爲之。只是跟騷行爲已是犯罪行爲，刑事有罪判決，須以無合理懷疑（beyond reasonable doubt）之心證確信爲前提，故未來蒐證便相當重要。

Q23

本法與性別暴力防制法案之競合為何？

一、本法與性別暴力防制法案之區別

　　我國自1997年起陸續立法通過婦女防暴法案，包括1997年通過「性侵害犯罪防治法」，1998年通過「家庭暴力防治法」、2002年通過「性別工作平等法」，2004年通過「性別平等教育法」，2005年通過「性騷擾防治法」等，顯示我國對於防治性別暴力之決心。大體上來說，性侵害犯罪防治法立法目的，係為防治性侵害犯罪及保護被害人權益。家庭暴力防治法，則係為防治家庭暴力行為及保護被害人權益。性別工作平等法從保障員工工作權角度出發，於第三章規定「性騷擾之防治」，規範職場性騷擾事件，並課予雇主一定義務做性騷擾之事前預防或事後處理，並由勞動部擔任中央主管機關。性別平等教育法從保障學生受教權觀點出發，於第四章規定「校園性侵害、性騷擾及性霸凌之防治」，規範校園內性騷擾事件，並課予學校一定義務做性騷擾之事前預防或事後處理，並由教育部擔任中央主管機關。性騷擾防治法從人身安全角度出發，規範職場及校園以外之公共場所或各場所性騷擾事件，並強制機構負起性騷擾防治責任，建立調解制度，並增訂第25條強制觸摸罪，以補刑法強制猥褻罪之限制（如表23-1）[35]。

35　許福生，警察處理性騷擾案例分析，警光雜誌，第777期，2021年4月，頁34。

表23-1　性平三法之區別

適用法律	性騷擾防治法		性別平等教育法	性別工作平等法
	第2條	第25條		
發生情境	其他性騷擾行為，如公共場所性騷擾。		校園性騷擾。	職場性騷擾。
保障權益	保障人身安全。		保障受教權。	保障工作權。
適用對象	適用性別平等教育法、性別工作平等法以外之性騷擾者。		性騷擾事件之一方為學校校長、教師、職員、工友或學生，他方為學生者（不同學校時亦同）。	雇主性騷擾受僱者或求職者；受僱者執行職務期間被他人騷擾。
申訴窗口	可向警察局、直轄市、縣（市）政府申訴或向加害人現職所屬雇用單位提出申訴。若查知加害人為其單位最高負責人時向縣（市）政府社會處（局）提出申訴。		向加害人行為時所屬學校提出申訴。若加害人為校長時向縣（市）政府教育處（局）提出申訴。	向被害人所屬雇用單位設立之申訴管道提出申訴。若加害人為最高負責人時向縣（市）政府勞工局（社會處勞工科）提出申訴。
主管機關	各直轄市、縣（市）政府社會處（局）。		各直轄市、縣（市）政府教育處（局）。	各直轄市、縣（市）政府勞工局（社會處勞工科）。
申訴告訴	僅能申訴。	可告訴亦可申訴。	僅申訴（仍適用性騷法第12條、第24條、第25條）。	僅申訴（仍適用性騷法第12條、第24條、第25條）。
申訴期限	申訴期限一年；告訴期間為六個月。		無期限限制。	無期限限制。

資料來源：作者自製。

　　依照性騷擾防治法第1條第2項規定：「有關性騷擾之定義及性騷擾事件之處理及防治，依本法之規定，本法未規定者，適用其他法律。但適用性別工作平等法及性別平等教育法者，除第十二條、第二十四條及第二十五條外，不適用本法之規定。」亦即，不適用性別工作平等法與性別平等教育法當事人，皆可適用性騷擾防治法規定。是以，判斷是否有性騷擾防治法適用時，先確定案件是否適用性別工作平等法或性別平等教育法，無前開二法適用，即屬性騷擾防治法適用範圍。

　　性騷擾防治法共有六章28條條文，其主要規定內容包含：第一章「總則」、第二章「性騷擾之防治與責任」、第三章「申訴及調查程序」、第四章「調解程序」、第五章「罰則」、第六章「附則」等。性騷擾行為違反者有民事（財產及非財產）賠償責任（參照性騷法第9條）、行政罰鍰（參照性騷法第20條至第24條）與刑事責任（參照性騷法第25條）。性騷擾之被害人在事件發生一年內可向加害人所屬單位申訴，性騷擾之加害人不明者或不知有無所屬單位時，由發生地警察機關調查（參照性騷法第13條）。所屬單位或雇主應對員工為教育訓練（參照性騷法第8條）及不當差別待遇者之損害賠償責任（參照性騷法第10條）。相關措施之訂定，特別是於知悉有性騷擾之情形時，應採取立即有效之糾正及補救措施（參照性騷法第7條）。在性侵害犯罪準用之情形，性騷法第7條至第11條有關防治、糾正及補救措施、教育訓練、損害賠償（包括回復名譽）、免受不當差別待遇及在回復名譽處分時提供適當之協助之相關規定，以及第22條及第23條有關機關、部隊、學校、機構或僱用人未能採取相關作為，或對當事人採取不利行動之相關規定等，都能加以準用，以避免發生單位對於輕微性騷擾須負防治責任，而對較嚴重性侵害犯罪卻不須負防治責任之荒謬結果（參照性騷法第26條）等。

　　是以，性平三法中雖對遭受性騷擾設申訴機制，但沒有聲

請保護令規定。性騷擾必須是與「性或性別」有關的言行，須從整體環境觀察其是否製造令人不舒服的「創造敵意環境」或「利益交換」，且不同對象處理程序不同，對加害者約束力不足，亦未看到「反覆、持續性」之跟騷脈絡，即時性不足。而家庭暴力防治法中雖設禁止跟蹤騷擾之保護令制度，但適用對象僅限家庭成員間及年滿16歲親密關係未同居伴侶之暴力行為，對於一般關係之人無法適用，亦未看到「反覆、持續性」之跟騷脈絡。

反觀跟騷法將對特定人反覆或持續為違反其意願且與性或性別有關之跟騷行為視為犯罪，論罪科刑並有書面告誡及保護令等措施，以強化被害人保護。因此，受（處）理跟蹤騷擾案件，如同時構成性騷擾及跟蹤騷擾罪時，因跟騷法第4條第1項規定：「警察機關受理跟蹤騷擾行為案件，應即開始調查、製作書面紀錄，並告知被害人得行使之權利及服務措施。」故應詢問當事人是否提出刑事告訴及性騷擾申訴，如併提告訴或申訴，調查筆錄或訪談紀錄應分開製作。

但若是「家庭成員」或「現有或曾有親密關係之未同居伴侶」所為之跟蹤騷擾行為，亦為家庭暴力行為，當受（處）理跟蹤騷擾案件時，確認彼此有此身分時，因家庭暴力防治法已針對家庭暴力之特性，就民事保護令之核發及其款項，以及違反保護令之效果，有周全之規範，因而就家庭成員間或現有或曾有親密關係之未同居伴侶間所為之跟蹤騷擾行為，應依家庭暴力防治法規定聲請民事保護令（含緊急、暫時及通常民事保護令），不適用本法有關聲請保護令之規定。至於書面告誡之核發，則應充分尊重被害人意願，但觸犯跟騷罪仍需偵辦移送地方檢察署（如圖23-1所示）。

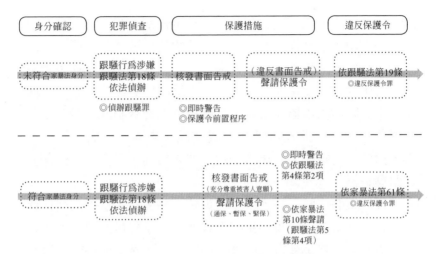

圖23-1　家暴身分涉及跟騷法處理流程對照圖

資料來源：內政部警政署。

二、警察處理單次隨機性騷擾案例分析

　　跟騷法跟騷行為定義上排除單次隨機尾隨或性騷擾之案件，若民眾遭隨機尾隨或性騷擾，認知上仍係認遭跟蹤騷擾，來警方報案時，縱使初步判斷屬單次隨機尾隨或性騷擾案件，不能以跟騷法處理，但仍可依現行法制如刑法、社會秩序維護法或性平三法處理，明確告知民眾法律適用上的問題，以避免民眾認知上與法律適用上之落差。

　　因此，針對單次隨機性騷擾之案件，舉例說明警方之處理程序如下。至於跟騷法與性騷法之區別，如表23-2所示。

表23-2　跟騷法與性騷法之區別

適用法律	性騷擾防治法	跟蹤騷擾防制法
定義	係指性侵害犯罪以外，對他人實施違反其意願而與性或性別有關之行為，且有下列情形之一者： 一、以該他人順服或拒絕該行為，作為其獲得、喪失或減損與工作、教育、訓練、服務、計畫、活動有關權益之條件。 二、以展示或播送文字、圖畫、聲音、影像或其他物品之方式，或以歧視、侮辱之言行，或以他法，而有損害他人人格尊嚴，或造成使人心生畏怖、感受敵意或冒犯之情境，或不當影響其工作、教育、訓練、服務、計畫、活動或正常生活之進行。	係指以人員、車輛、工具、設備、電子通訊、網際網路或其他方法，對特定人反覆或持續為違反其意願且與性或性別有關之「監視跟蹤」、「盯梢尾隨」、「威脅辱罵」、「通訊干擾」、「不當追求」、「寄送物品」、「有害名譽」、「濫用個資」等八類行為之一，使之心生畏怖，足以影響其日常生活或社會活動。
適用對象	適用性別平等教育法、性別工作平等法以外之性騷擾者，包含對特定人或不特定人為之者。	對特定人跟騷擾者。
行為類型	「交換利益性騷擾」及「敵意環境性騷擾」等二類行為類型。	「監視跟蹤」、「盯梢尾隨」、「威脅辱罵」、「通訊干擾」、「不當追求」、「寄送物品」、「有害名譽」、「濫用個資」等八類行為類型。

（接下頁）

次數或時間	含反覆持續或單次隨機為之。	反覆或持續為之。
行為內涵	指性侵害犯罪以外實施違反其意願而與性或性別有關。	違反其意願且與性或性別有關。
保護機制	1. 不同對象處理程序不同，對加害者約束力不足。 2. 未看到「反覆、持續性」之跟騷脈絡，即時性不足。 3. 多屬行政罰或相關懲處機制及民事求償規定，且缺乏即時介入保護機制。	除論罪科刑外，並有書面告誡、保護令及預防性羈押等即時介入保護機制。
申訴告訴	受（處）理為性騷擾者僅能申訴，但為強制觸摸罪可告訴亦可申訴（第2條、第25條）。	受（處）理跟蹤騷擾案件，如同時構成性騷擾及跟蹤騷擾罪，可刑事告訴及告知可提出性騷擾申訴或告訴。

資料來源：作者自製。

（一）案例事實

在某公司上班之A女來所報案，說因搭乘某客運在車上睡著了，車子快下交流道時，感覺有人在撫摸其鼠蹊部，並看到坐其隔壁乘客B男裝睡將手放在其大腿上，A女立即將B男手拍開，然B男還用調戲口吻問她「小姐貴姓」，且說他是某大學高材生。A女當時很氣憤，下車後便前來派出所報案。員警如何處理本案？

（二）警察在性騷擾案件之處理流程

1. 受理

(1)不論發生在何種場域，被害人得向警察機關報案，並

採單一窗口受理，輸入系統並取代號；(2)初步判別適用法規與流程，區分申訴案件或告訴案件（性騷法第25條），不論申訴或告訴案件均需至警政婦幼案件管理系統通報並取號，由系統管理不需再向婦幼隊取號；(3)協助被害人填寫性騷擾事件申訴書（紀錄）及製作詢問紀錄或調查筆錄。

2. 通報

(1)受理時，員警應將被害人申訴書（紀錄）輸入系統；(2)兒童及少年遭受性騷擾事件，於24小時內至警政婦幼案件管理系統線上通報兒少保護案件；(3)視當事人之身心狀況，主動通報相關單位轉介或提供心理輔導及法律協助。

3. 調查

(1)身分調查：調閱監視錄影等相關證物，7日內查明加害人有無所屬單位，若有所屬單位或雇主時，檢附申訴人申訴書（紀錄）、詢問紀錄等相關資料移請加害人所屬單位續為調查，並副知該單位所在地直轄市、縣（市）主管機關、申訴人及婦幼警察隊；若查無加害人或加害人無所屬單位時，將案件陳報分局防治組家防官。

(2)事件調查：①加害人不明；②不知所屬單位；③無法於7日內查明身分，應立即進行事件調查，由分局召開調查處理小組會議，審查性騷擾事件成立與否，調查結果應通知當事人及直轄市、縣（市）主管機關，並副知警察局（婦幼警察隊）；④若屬性騷法第25條告訴案件，由分局防治組家防官移由偵查隊刑責區員警偵辦，將申訴書（紀錄）、調查筆錄及證據等移（函）送管轄地檢署，並副知直轄市、縣（市）主管機關及婦幼警察隊。

4. 移送

(1)一般性騷擾案件，遇適用性別工作平等法或性別平等教育法之性騷擾事件時，協助申訴人填寫申訴書（紀錄），由分局防治組函送該所屬機關續為調查，並副知該管直轄市、縣

（市）主管機關、申訴人及警察局（婦幼警察隊）。

　　(2)加害人為所屬單位負責人時，移送該管直轄市、縣（市）主管機關調查，並副知警察局（婦幼警察隊）。

　　(3)符合性騷法第25條案件，當事人如提出告訴，案件應移（函）送管轄檢察署，且應依被害人意願決定是否啟動申訴機制。另在受理性騷法第25條之罪及刑法強制猥褻罪等案件時，應確實詢問被害人或申訴人是否提出告訴（性騷法第25條為告訴乃論罪）並記明筆錄。其告訴條件完備者，檢察官對於司法警察機關移送或法官對於檢察官起訴之強制猥褻案件，認定係犯性騷法第25條性騷擾罪時，檢察官自得逕為適當之起訴或由法官變更起訴法條逕為適當之判決，以確保被害人權益。

　　至於強制猥褻與強制觸摸罪兩者之區別，目前實務上認為強制猥褻係指「性交以外，基於滿足性慾之主觀犯意，以違反被害人意願之方法所為，足以引起一般人性慾，而使被害人感到嫌惡或恐懼之一切行為而言」；相對地強制觸摸罪即在規範被害人不及防備、未能及時反應並抗拒的瞬間、短暫身體碰觸行為，如「對被害人之身體為偷襲式、短暫式、有性暗示之不當觸摸，含有調戲意味，而使人有不舒服之感覺，但不符合強制猥褻之構成要件之行為而言」。考其犯罪之目的，前者乃以其他性主體為洩慾之工具，俾求得行為人自我性慾之滿足，後者則意在騷擾觸摸之對象，不以性慾之滿足為必要；究其侵害之法益，前者乃侵害被害人之性自主權，即妨害被害人性意思形成、決定之自由，後者則尚未達於妨害性意思之自由，而僅破壞被害人所享有關於性、性別等，與性有關之寧靜、不受干擾之平和狀態（兩者之界限可參照最高法院108年度台上字第1800號刑事判決）。

（三）本案例之處理

1. 現若被害人A女認B男對其之行為，係違反被害人意願或不受歡迎性騷擾行為，且初步判斷屬單次隨機性騷擾案件，不能以跟騷法處理，但受理員警應依單一窗口受理A女性騷擾事（案）件。受理時，員警應將被害人申訴書（紀錄）輸入系統列管。

2. 本案受理後，初步判別除符合一般性騷擾事件外，另依被害人A女之陳述亦對其身體隱私處之鼠蹊部為不當觸摸行為，符合性騷法第25條案件，故應詢問被害人A女是否提出申訴或告訴，明確於申訴書（紀錄）詳載，並製作詢問紀錄及調查筆錄。

3. 調閱監視錄影等相關證物，7日內應查明加害人雇主或所屬單位，並製作加害人詢問紀錄或調查筆錄。調閱監視錄影等相關證物後，若能於7日內查明加害人確實係屬某大學學生時，應製作加害人詢問紀錄、調查筆錄及相關證物，陳報分局防治組統籌辦理，由防治組檢附申訴人申訴書（紀錄）、詢問紀錄等相關資料移請加害人B男所屬大學續為調查，並副知該大學所在地直轄市、縣（市）主管機關、申訴人及婦幼警察隊。因A女非屬學生身分，故B男所屬大學應於申訴或移送到達之日起7日內依據性騷擾防治法、性騷擾防治準則及該校性騷擾防治、申訴及處理要點等相關規定開始調查，並應於二個月內調查完成；必要時，得延長一個月，並應通知當事人，且調查結果應以書面通知當事人及直轄市、縣（市）主管機關。

4. 若未能於7日內查明加害人或不知所屬單位時，應將案件陳報分局防治組家防官，由分局召開調查處理小組會議，審查性騷擾事件成立與否，調查結果應通知申訴人及直轄市、縣（市）主管機關，並副知警察局（婦幼警察隊）。

5. B男對A女鼠蹊部不當觸摸行爲,一般人對於鼠蹊部非他人所得任意碰觸身體隱私部位,如上開部位未經本人同意而由他人刻意加以觸摸,即足以引起本人嫌惡且有遭受強烈冒犯之感,自應認屬身體隱私處無疑,足以構成性騷法第25條第1項之意圖性騷擾,乘人不及抗拒而爲觸摸其鼠蹊部身體隱私處之行爲之罪,符合性騷法告訴案件。故告訴案件應移由偵查隊偵辦,偵辦後應將申訴書(紀錄)、調查筆錄及證據等移(函)送管轄地檢署,並副知直轄市、縣(市)主管機關及婦幼警察隊。

Q24

長期遭盯梢案例警察如何處理？

一、案例事實

　　值班員警接獲某百貨專櫃A女報案，指稱遭不明B男騷擾，B男除了每天到專櫃前報到且一直盯著她看以外，還會上前對她胡言亂語。警方曾到場處理，發現該名年約40歲的B男就站在專櫃不遠處，B男矢口否認騷擾，僅稱「我站在這裡怎麼了嗎？」警方好言規勸也欲通知其家屬，但B男仍不為所動，不願意離去。這樣的行為持續約四個月，A女在不堪其擾下，再次報案並對B男提告[36]。本案若依今年6月1日正式施行的跟蹤騷擾防制法，警方到場後應如何處理，以保護A女個人身心安全。

二、當時警方之處理過程

　　本案於2020年7月31日，民眾自行來電報案，警方到場瞭解後發現B男為精神異常男子，且報案人當時亦無提及有長期騷擾之情事，經警方勸導後B男自行離去，未再有需警方協助之情事。之後同年11月2日，110獲報稱店家遭人騷擾，指派員警到場處理，係報案人A女聲稱B男到3樓櫃位自言自語遂報警請求協助，經警方到場發現B男精神異常，經勸離後B男搭乘

36 壹電視，怪男站哨「直盯她」101櫃姐崩潰嚇到離職！2020年12月4日，https://www.youtube.com/watch?v=HbKEnV4Y6KQ（2022年4月4日造訪）。許福生，員警處理專櫃小姐長期遭盯梢案例之分析，警光雜誌，第789期，2022年4月，頁42-51。

捷運離去。

　　又同年11月6日，A女至派出所報案，稱遭B男騷擾，本案警方依調查結果，認為A女長期遭受B男跟蹤，深受困擾，特別是在同年11月2日再遭其跟蹤且經勸阻無效，並經A女檢具相關事證至派出所報案，經檢視A女所提供事證，B男犯行循勘認定，核其所為顯有違反社會秩序維護法第89條第2款（無正當理由跟追他人經勸阻不聽者處新臺幣3,000元以下罰鍰或申誡），全案依法裁處新臺幣1,000元整。

　　由於本案依當時之規定，警方只能依社會秩序維護法第89條第2款之規定裁處罰鍰，然此規定只針對單一行為處罰，即時性不足，且罰則太輕對加害者約束力不足，又未看到「反覆、持續性」之跟騷脈絡，如此也導致A女在不堪其擾下，從該專櫃離職。面對這樣的困境，確實有必要制定跟騷法來保護個人身心安全。

三、本法施行後警察在跟騷案件之處理流程

（一）受理階段

　　1. 不論發生在何種場域，被害人得向警察機關報案，並採單一窗口受理。

　　2. 詢明案情，確認構成要件。

　　3. 同時構成相關性別暴力防治法規，進行警政婦幼系統跟蹤騷擾子系統通報並開案取（代）號。

　　4. 若有牽涉性騷擾行為，應同時告知可進行性騷擾申訴；並詢問當事人是否提出刑事告訴及性騷擾申訴，如併提告訴或申訴，調查筆錄或訪談紀錄應分開製作。

　　5. 利用跟蹤騷擾案件管理系統，查明被害人歷次報案紀錄，如前案已核發書面告誡並生效且在二年內得協助被害人聲請保護令。

6. 製作調查筆錄、訪談紀錄。

7. 受理報案系統開立案件證明單。

（二）調查階段

1. 開始調查蒐集

應即開始調查，蒐集相關事證，如調閱監視器、調取手機通信紀錄、查閱通訊軟體對話訊息、製作證人筆錄及行為人筆錄等。

2. 現行犯逮捕等相關刑事強制處分

倘若獲報後到達現場，若必要時可依刑事訴訟法等相關規定啟動刑事調查中之強制作為如拘提逮捕、現行犯之逮捕與解送、搜索及扣押或建請預防性羈押或其他羈押替代措施等相關刑事強制處分。

（三）即時保護措施

1. 書面告誡

不論被害人是否提出跟蹤騷擾告訴，有跟騷嫌疑者可依被害人請求，核發書面告誡；若警察依專業判斷，認個案有即時約制行為人再犯之必要者，應依職權核發書面告誡。行為人或被害人對於警察機關核發或不核發書面告誡不服時，得於收受書面告誡或不核發書面告誡之通知後10日內，經原警察機關向其上級警察機關表示異議。

2. 被害人保護措施

告知被害人得行使之權利及服務措施（如性騷擾申訴），必要時並應採取其他保護被害人之適當措施（參照家暴法第48條之作為）及教導防範措施或轉介相關權責機關保護服務之。

3. 保護令聲請

經書面告誡後，二年內再有跟蹤騷擾行為，被害人得聲請保護令；考量本個案具體危險情境，警檢可不受書面告誡先行之限制，依職權聲請。

（四）刑案移送

涉跟騷罪，事證蒐集完備，需逐一檢核是否符合下列構成要件：1.實行方式；2.對特定被害人；3.反覆或持續實施；4.違反其意願；5.與性或性別有關；6.行為類型；7.使心生畏怖足以影響其日常生活或社會活動等，符合跟騷要件檢附相關卷證，移送地檢署偵辦。

（五）保護令執行期間

行為人再有跟蹤騷擾行為，涉跟騷罪及違反保護令罪，應依法調查、即時約制、移送。

（六）其他注意事項

遇有病因性個案，則應建請法院核發命相對人完成治療性處遇計畫。

四、本法施行後本案例之處理

（一）受理階段

本案若依施行後之跟騷法規定，警方受理A女報案後應：1.詢明案情，初步判斷確認是否符合跟騷構成要件，即B男對A女是以人員之方式，在違反其意願情況下，出於愛戀、喜好目的，反覆持續為四個多月的盯梢、守候行為，使A女心生畏怖足以影響其日常生活，已涉及跟蹤騷擾行為之罪嫌及職場性

騷擾；2.依本案案情初步判斷應同時構成性騷及跟騷，應進行警政婦幼系統跟蹤騷擾子系統通報並開案取（代）號；3.詢問A女是否提出刑事告訴及性騷擾申訴，如併提告訴或申訴，應分別製作調查筆錄及訪談紀錄；4.跟騷法第18條第1項普通跟騷罪屬告訴乃論之罪，務必詢問A女是否提出告訴，並注意確實查明發生時地，以利案件管轄權之歸屬；若A女亦提出性騷擾申訴，則應查明A女及B男身分，以決定告知如何進行性平三法申訴；5.受理報案系統開立案件證明單給A女。

（二）調查階段

　　1.受理後啟動刑事調查，必要時可依刑事訴訟法等相關規定發動刑事強制處分，蒐集相關事證，如調閱監視器及詢問相關證人，確認二人關係，瞭解B男於7月31日至11月初持續盯梢A女過程之言行舉止，特別是7月31日民眾報案警方到場瞭解後，為何至11月2日又不斷盯梢守候；A女對本事件之處理方式及對方之回應，本事件對A女生活影響與轉變等，並就「持續時間」、「次數」及B男的主觀要素等其他個別具體事案綜合判斷，以確認是否有反覆或持續實施與性或性別有關的尾隨、盯梢行為，而使A女心生畏怖足以影響其日常生活或社會活動；2.11月2日又若獲報後到達現場，有足夠證據認定B男正在對A女實施符合跟騷行為構成要件時，可依現行犯逮捕及發動相關刑事強制處分。

（三）啟動即時保護措施

　　1.書面告誡：不論A女是否提出跟蹤騷擾告訴，有跟騷嫌疑者可依A女請求，核發書面告誡；倘若員警到達現場後，為危害防止，依專業判斷，認為本案因已持續盯梢四個多月且客觀上已造成被害人害怕躲在廁所時，認有即時約制行為人

再犯之必要者，應不待被害人請求，應依職權核發書面告誡B
男。B男若對核發之書面告誡有異議，可經原處分警察分局向
其警察局表示異議救濟之；2.對A女保護措施：員警受理本案
後，應告知被害人得行使之權利及服務措施，如判斷是職場性
騷擾可依性別工作平等法提出性騷擾申訴；必要時，並應採取
其他保護被害人之適當措施，如護送被害人返家及查訪相對人
與訪查被害人及其家庭成員；或是參考日本警方做法，如教導
防範措施並記錄及蒐集相關事證；或轉介相關權責機關保護
服務之；3.保護令聲請：經書面告誡後，二年內B男再有跟騷
行為，A女得聲請保護令；倘若員警考量本個案具體危險情境
已明顯可見造成A女重大身心恐懼，可不受書面告誡先行之限
制，逕依職權聲請保護令，且在職權聲請保護令時，如B男有
精神疾病註記，需特別說明請法官核發命相對人完成治療性處
遇計畫令，如再有違反保護令嫌疑重大有事實足認為有反覆實
行之虞，建請預防性羈押。

（四）刑案移送

　　本罪若依據跟騷罪構成要件逐一檢視，B男之行為完全符
合：1.實行方式：以人員為之；2.對特定被害人：A女；3.反
覆或持續實施：時間持續四個月；4.違反其意願：A女已明示
求救及躲避；5.與性或性別有關：基於愛戀、好感等屬戀愛強
迫型；6.行為類型：盯梢、守候於A女工作場所；7.使心生畏
怖足以影響其日常生活或社會活動：害怕躲在廁所等要件，且
相關事證也蒐集完備，應檢附相關卷證，將B男移送地檢署偵
辦。倘若B男「攜帶凶器或其他危險物品實行跟蹤騷擾行為」
或「違反保護令」之罪嫌疑重大，有事實足認為有反覆實行之
虞，而有羈押之必要者，得建請預防性羈押或羈押替代處分，
有效防制行為人再犯。

（五）其他注意事項

因行為人為精神疾病註記，聲請保護令內容應包含建請法院核發命相對人完成治療性處遇計畫此款保護令（如表24-1）。

本法施行後，B男的行為涉嫌跟騷罪，警方除了可以跟騷罪調查移送外，亦可採取書面告誡或即時依職權聲請保護令等即時介入措施以保護被害人及約制加害人，或許可即時終止B男的跟騷行為，A女也不用求助無門而被迫離職，這應也是本法最主要立法目的，保護個人身心安全、行動自由，免於受到跟蹤騷擾行為侵擾，維護個人人格尊嚴。

表24-1　專櫃小姐長期遭盯梢案警方之處理

本法施行前 之處理過程	本法施行後本案例 之處理
一、**2020年7月31日** 民眾自行來電報案，警方到場瞭解後發現B男為精神異常男子，且報案人當時亦無提及有長期騷擾之情事，經警方勸導後B男自行離去，未再有需警方協助之情事。 二、**2020年11月2日** 110獲報稱店家遭人騷擾，指派員警到場處理，係報案人A女聲稱B男到3樓櫃位自言自語遂報警請求協助，經警方到場發現B男精神異常，經勸離後B男搭乘捷運離去。 三、**2020年11月6日** A女至派出所報案，稱遭B男騷擾，本案依社會秩序維護法受理。	一、**受理階段** 1. 詢明案情確認構成要件，B男對A女是以人員之方式，在違反其意願情況下，出於愛戀、喜好目的，反覆持續為四個多月的盯梢、守候行為，使A女心生畏怖足以影響其日常生活，已涉及跟蹤騷擾行為之罪嫌及職場性騷擾。 2. 進行警政婦幼系統跟蹤騷擾子系統通報並開案取（代）號。 3. 牽涉性騷擾行為，同時告知可進行性騷擾申訴；並詢問當事人是否提出刑事告訴及性騷擾申訴，如併提告訴或申訴，調查筆錄或訪談紀錄應分開製作。 4. 利用跟蹤騷擾案件管理系統，

（接下頁）

本法施行前之處理過程	本法施行後本案例之處理
四、2020年11月17日 警察分局依調查結果，認爲A女長期遭受B男跟蹤，深受困擾，特別是在2020年11月2日再遭其跟蹤且經勸阻無效，並經A女檢具相關事證至派出所報案，經檢視A女所提供事證，B男犯行循勘認定，核其所爲顯有違反社會秩序維護法第89條第2款（無正當理由跟追他人經勸阻不聽者處新臺幣3,000元以下罰鍰或申誡），全案依法裁處新臺幣1,000元整。	查明被害人歷次報案紀錄，如前案已核發書面告誡並生效且在二年內得協助被害人聲請保護令。 5. 製作調查筆錄、訪談紀錄。 6. 受理報案系統開立案件證明單給A女。 **二、調查階段** 1. 受理後啓動刑事調查，必要時可依刑事訴訟法等相關規定發動刑事強制處分，蒐集相關事證，如調閱監視器及詢問相關證人，確認二人關係，瞭解B男於7月31日至11月初持續盯梢A女過程之言行舉止，特別是7月31日民眾報案警方到場瞭解後，爲何至11月2日又不斷盯梢守候；A女對本事件之處理方式及對方之回應，本事件對A女生活影響與轉變等，並就「持續時間」、「次數」及B男的主觀要素等其他個別具體事案綜合判斷，以確認是否有反覆或持續實施與性或性別有關的尾隨、盯梢行爲，而使A女心生畏怖足以影響其日常生活或社會活動。 2. 11月2日又若獲報後到達現場，有足夠證據認定B男正在對A女實施符合跟騷行爲構成要件時，可依現行犯逮捕及發動相關刑事強制處分。

（接下頁）

本法施行前 之處理過程	本法施行後本案例 之處理
	三、即時保護措施 1. 書面告誡 　不論被害人是否提出跟蹤騷擾告訴，有跟騷嫌疑者可依被害人請求，核發書面告誡；若警察依專業判斷，認個案有即時約制行為人再犯之必要者，應依職權核發書面告誡B男。 2. 被害人保護措施 　告知被害人得行使之權利及服務措施（如性騷申訴），必要時並應採取其他保護被害人之適當措施（參照家暴法第48條之作為）及教導防範措施或轉介相關權責機關保護服務之。 3. 保護令聲請 　經書面告誡後，二年內再有跟蹤騷擾行為，被害人得聲請保護令；考量本個案具體危險情境，警檢可不受書面告誡先行之限制，依職權聲請。 **四、刑案移送** 1. 本罪逐一檢視B男行為符合跟騷罪構成要件，對涉案事證蒐集完備，檢附相關卷證，移送地檢署偵辦。 ■實行方式：以人員為之。 ■對特定被害人：A女。 ■反覆或持續實施：時間持續四個月。 ■違反其意願：A女已明示求救及躲避。

（接下頁）

本法施行前 之處理過程	本法施行後本案例 之處理
	■與性或性別有關：基於愛戀、好感等屬戀愛強迫型。 ■行為類型：盯梢、守候於A女工作場所。 ■使心生畏怖足以影響其日常生活或社會活動：害怕躲在廁所。 2. 倘若B男「攜帶凶器或其他危險物品實行跟蹤騷擾行為」或「違反保護令」之罪嫌疑重大，有事實足認為有反覆實行之虞，而有羈押之必要者，得建請預防性羈押或羈押替代處分，有效防制行為人再犯。 **五、其他注意事項** 因行為人為精神疾病註記，聲請保護令內容應包含建請法院核發命相對人完成治療性處遇計畫此款保護令。

資料來源：作者自製。

Q25

本法若施行能預防類似屏東女店員遭擄殺再發生？

　　目前警政署執行本法規劃三大目標為：1.案件妥處預防再犯；2.緊急應變掌握輿情；3.聚焦宣導防止危害。倘若本法能及早施行，或許可避免類似屏東通訊行女店員遭追求顧客擄殺案再發生。現若還原此案件當時情景，若能妥處，或可預防其再犯。

　　一、2021年2月4日曾女在一家手機通訊行上班，長相甜美，嫌犯在購買手機時認識後，之後不斷遭犯嫌持續性騷擾→有反覆或持續騷擾行為已涉嫌違反跟騷罪。

　　二、3月18日被害人下班遭尾隨報警→警到場後若有足夠證據認定之前已有持續騷擾行為而此次再尾隨已符合跟騷罪現行犯，可依法逮捕並核發書面告誡，並基於危害防止依專業判斷，認個案有即時約制行為人再犯之必要者，應不待被害人請求主動核發書面告誡；若考量個案具體危險情境，可不受書面告誡先行之限制，依職權聲請保護令。告知被害人得行使之權利及服務措施，如可依性工法提出性騷擾申訴；必要時，並應採取其他保護被害人之適當措施，如護送被害人返家及查訪相對人與訪查被害人及其家庭成員，以及教導防範措施或轉介相關權責機關保護服務之。

　　三、3月26日被害人提告性騷擾→經書面告誡後二年內再為跟騷行為可聲請保護令，有違反保護令嫌疑重大有事實足認為有反覆實行之虞，建請預防性羈押。

　　四、4月8日若依此新法處理之→或許可避免4月8日遭犯嫌擄殺。

第二篇

跟蹤騷擾防制法爭點與評析

　　本篇以現行本法通過之條文，並參考立法院第10屆行政院院版草案（以下簡稱政院版），立法院第9屆政黨協商完畢之「跟蹤騷擾防制法草案」（以下簡稱政黨協商版），民間團體共識版之「跟蹤騷擾防制法草案」（以下簡稱民團共識版），以及本（10）屆朝野各黨團所提修正版本等主要爭點爲基礎，加以比較評析之。

　　至於本法通過條文與政黨協商版、民團共識版、政院版及各黨團版本，其主要爭點集中在跟騷就是犯罪vs.先行政後司法、法案名稱與法規競合問題、跟騷行爲定義、即時介入保護機制及救濟、保護令種類及內容、相關機關協力合作與建立被害人支援體系等面向，以下則針對這些爭點加以論述評析。

壹、就跟騷就是犯罪vs.先行政後司法而言

一、國際趨勢採犯罪化

　　觀之現今各國糾纏跟騷行爲立法模式，美國是採直接犯罪化模式，即糾纏跟騷就是犯罪[1]。德國則採直接犯罪化及司法介入並行模式，在刑法第238條中增訂「跟蹤騷擾罪」，將跟騷行爲直接犯罪化，又在「暴力防範法」中規定被跟騷之被害人可直接向法院聲請核發「民事保護令」，以司法介入防範跟騷[2]。日本則是採用「纏擾行爲規制法」專法，明定任何人均不得爲糾纏等行爲，倘若對同一人，反覆進行盯梢、監視、

---

[1]　有關美國的反跟騷立法，可參閱法思齊，美國反跟蹤法（Anti-Stalking Law）之研究──兼論我國相關法制之建構，東吳法律學報，第24卷第3期，2012年6月，頁1-47。

[2]　有關德國的反跟騷立法，可參閱王皇玉，跟蹤糾纏行爲犯罪化趨勢，刑事政策與犯罪研究論文集，2019年10月，頁293-310。

要求會面、粗暴言止、傳送電子郵件、取得位置資訊等糾纏行為，而使相對人安全、住居平穩、名譽或行動自由顯著受侵害而感到不安時，可處徒刑。另警察機關可以「警告」向行為人要求停止糾纏等行為，又各地方自治團體的公安委員，也可於行為人違反警察機關所為的「警告」，且認為其有反覆為糾纏等行為之虞時，核發「禁止命令」，若有違反「禁止命令」者，則再以刑罰介入，可謂是採取專法同時將跟騷犯罪化及先行政後司法並行模式[3]。

政黨協商版的「跟蹤騷擾防制法草案」，基本上是傾向日本立法例，採取循序漸進、逐步加壓、先行政（警察介入）後司法模式（違反防制令則刑罰介入），民團共識版則採警察介入及司法介入（違反防制令則刑罰介入）雙軌並行。

政院版是直接採取犯罪化模式及即時約制（書面告誡），二年內若再犯，可核發保護令及配合預防性羈押。即實行跟蹤騷擾行為者，處三年以下有期徒刑、拘役、科或併科30萬元以下罰金，屬告訴乃論；若攜帶凶器或其他危險物品犯之者，處五年以下有期徒刑、拘役或科或併科50萬以下罰金，屬非告訴乃論罪。另違反保護令者，處三年以下有期徒刑，拘役或科或併科30萬元以下罰金。以及法官訊問後，認其犯第18條、第19條之罪嫌疑重大，有事實足認為有反覆實行之虞，而有羈押之必要者，得羈押之。

此直接採取犯罪化模式及即時約制（書面告誡），二年內若再犯，可核發保護令及配合預防性羈押，在審查會時大家並無反對意見，但在黨團協商會議時，司法院代表基於考量比例原則還有罪責相當原則，希望對草案第18條（跟騷行為）法定刑能夠與第19條（違反保護令）做區別處理；並考量法

---

3 有關日本的反跟騷立法，可參閱黃士軒，概觀日本糾纏騷擾行為罪的處罰概況，月旦刑事法評論，第5期，2017年6月，頁90-110。

定刑度降低後，為避免跟騷行為在調查上有其困難性，可能需要調取通聯紀錄或是通訊者資料，因而建議增訂讓檢察官和司法警察官在偵查這類犯罪時，能夠調取通聯紀錄和通訊使用者的資料，不受通訊保障及監察法第11條之1第1項的限制。故最後依司法院建議文字修正通過第18條規定：「實行跟蹤騷擾行為者，處一年以下有期徒刑、拘役或科新臺幣十萬元以下罰金。攜帶凶器或其他危險物品犯前項之罪者，處五年以下有期徒刑、拘役或科或併科新臺幣五十萬元以下罰金。第一項之罪，須告訴乃論。檢察官偵查第一項之罪及司法警察官因調查犯罪情形、蒐集證據，認有調集通信紀錄及通訊使用者資料之必要時，不受通訊保障及監察法第十一條之一第一項所定最重本刑三年以上有期徒刑之罪之限制。」連帶地，草案第21條也修正通過規定：「法官訊問後，認其犯第十八條、第十九條之罪嫌疑重大，有事實足認為有反覆實行之虞，而有羈押之必要者，得羈押之。但未經告訴或其告訴已經撤回或已逾告訴期間者，不在此限。」

最後，經過黨團協商後，本法三讀通過的第18條、第19條及第21條條文，限縮預防性羈押範圍，第18條規定：「實行跟蹤騷擾行為者，處一年以下有期徒刑、拘役或科或併科新臺幣十萬元以下罰金。攜帶凶器或其他危險物品犯前項之罪者，處五年以下有期徒刑、拘役或科或併科新臺幣五十萬元以下罰金。第一項之罪，須告訴乃論。檢察官偵查第一項之罪及司法警察官因調查犯罪情形、蒐集證據，認有調取通信紀錄及通訊使用者資料之必要時，不受通訊保障及監察法第十一條之一第一項所定最重本刑三年以上有期徒刑之罪之限制。」第19條規定：「違反法院依第十二條第一項第一款至第三款所為之保護令者，處三年以下有期徒刑、拘役或科或併科新臺幣三十萬元以下罰金。」第21條規定：「行為人經法官訊問後，認其犯第十八條第二項、第十九條之罪嫌疑重大，有事實

足認為有反覆實行之虞，而有羈押之必要者，得羈押之。」

　　確實，現行國際趨勢顯示出糾纏跟騷就是犯罪，政院版將糾纏跟騷行為直接採取犯罪化及即時約制（書面告誡），二年內若再犯，可核發保護令及配合預防性羈押，是有必要的。

二、跟騷行為處罰之基礎

　　將跟騷行為犯罪化，便需思考其處罰基礎為何？依據日本學說看法，包含如下[4]：1.將「不安感」作為處罰根據：即依該法立法目的可知，基本上糾纏騷擾行為罪的作用是在防止「身體、自由及名譽之危害發生」，同時藉此「裨益國民生活之安全與平穩」。在這樣的立法目的下，日本刑法學界一般認為，糾纏騷擾行為罪的成立並不以行為人的行為確實造成上述各種被害人的損害發生為必要，是一種危險犯；2.將「與將來之侵害的關聯」作為處罰根據：也有學說考慮上述不安感作為處罰根據時，其處罰有不明確的問題，從而主張在解釋糾纏騷擾行為罪時，需以該等糾纏騷擾行為有具體地連結至將來實際法益侵害的可能性、蓋然性，才能將其處罰正當化；3.將「個人以安全且平穩的方式形成日常生活的利益之侵害」作為處罰根據：最近也有論者主張，考慮到糾纏騷擾行為罪在解釋上應盡量明確的需要，應將其內涵解釋為對「個人以安全且平穩的方式形成日常生活的利益」之侵害。

　　現若觀之本法是在實害犯罪發生前的行為規制，係基於危險犯概念，使國家公權力得大幅提早介入調查及處罰，可說是將「不安感」作為處罰根據。

4　黃士軒，概觀日本糾纏騷擾行為罪的處罰概況，月旦刑事法評論，第5期，2017年6月，頁105-108。

三、判斷上之困難點

　　本法將「不安感」作為處罰根據，便會面臨處罰根據的危險究竟具有如何的內容，應是解釋論上重要問題。縱使本法已將其適用範圍限縮在易發生危險行為，保護生命、身體及自由等核心法益免受侵害，以符合比例原則，然仍會面臨沒有物理性被害致危險性判斷困難、難以特定及識別跟騷行為及難以與不具危險類似跟騷行為區分開來等規範上的問題點。如此法律確定性原則可能會受到挑戰，因為不確定哪種行為會受到懲罰，哪種行為不受懲罰，故未來蒐集相關案例之判斷基準便很重要，並透過教育訓練讓執法者能逐漸熟悉本法構成要件及其與其他相關法律之適用；亦即透過「累積案例」並持續觀察「行為態樣」來建構「適用規則」並「逐步檢核」之，讓執法準則更明確可行。畢竟本法施行後，有關現行犯難以認定，以及書面告誡核發與否之困境，是很難避免的。

貳、就法案名稱與法規競合問題而言

一、法案名稱之爭論

　　就法案名稱而言，政院版稱為「跟蹤騷擾防制法」，各委員版本大多也稱「跟蹤騷擾防制法」，少數稱「糾纏行為防制法」。確實，「stalking」有譯為「跟蹤騷擾」、「糾纏」、「纏擾」等，基於突顯本法反覆或持續行為，使人心生畏怖，足以影響正常生活或社會活動特色及本質，且符合台語稱呼「勾勾纏」，本文主張「糾纏行為防制法」名稱，然本法最後是照政院版「跟蹤騷擾防制法」名稱通過。

二、法規競合之問題

　　政黨協商版並未設計法規競合規定，主要是考量競合不是問題，要以被害人主觀上最有利方式去選擇就好。民團共識版則只針對防制令之聲請，若依其他法律得聲請與本法相同之禁制跟蹤騷擾行為之相關措施者，不得為之聲請。政院版亦未設計法規競合規定，認為「跟騷法」與其他現有專法平行存在、並無互斥。故在第1條立法說明稱：「現行其他法律因考量當事人之身分、關係、場所（域）或性別等（如家庭暴力防治法、性騷擾防治法、性別工作平等法或性別平等教育法），別有調查、預防、處遇、處罰或其他規定者，亦得適用之，併予說明。」

　　然而，為避免爭議，應將本法定位為普通法之性質，其適用順序是補現行規範保護之不足，若其他法規有特別規定者，應優先適用之，以提供被害人更周全之保護。故在草案第1條應增訂：「跟蹤騷擾行為之防治，適用本法，但其他法律有特別規定者，從其規定。」審查會時原本有委員及司法院代表是贊成增訂此但書規定，但有委員持保留看法，認為跟蹤騷擾在保護令的核發類型上面，可能家暴法會有比較精細與更明確的規定，但是跟蹤騷擾檢警介入的部分，可能會比家暴案件來得早，也更具必要性，所以應該還是應依當事人的決定而定。

　　最後本法按政院版規定通過，並未在本法第1條設計法規競合規定，誠如立法說明所言，現行其他法律因考量當事人之身分、關係、場所（域）或性別等，別有調查、預防、處遇、處罰或其他規定者，亦得適用之，表明以被害人主觀上最有利方式去選擇即可。反而是最後協商時，內政部、衛福部及司法院均同意增訂本法第5條第4項規定：「家庭暴力防治法所定家庭成員間、現有或曾有親密關係之未同居伴侶間之跟蹤騷擾行為，應依家庭暴力防治法規定聲請民事保護令，不適用本法

關於保護令之規定。」其最主要考量是：按「家庭成員」、「現有或曾有親密關係之未同居伴侶」所爲之跟蹤騷擾行爲，亦爲家庭暴力行爲。家庭暴力防治法已針對家庭暴力之特性，就民事保護令之核發及其款項，以及違反保護令之效果，有周全之規範，例如提供被害人或未成年子女身心治療、諮商、加害人處遇計畫，目睹暴力兒童及少年之輔導措施等（家庭暴力防治法第4條、第5條、第8條、第14條等規定參照）。爲求對家庭暴力被害人保護之一致性，爰明定就家庭成員間、現有或曾有親密關係之未同居伴侶間所爲之跟蹤騷擾行爲，應依家庭暴力防治法規定聲請民事保護令（含緊急、暫時及通常民事保護令），而不適用本法有關聲請保護令之規定，爰建議增訂第4項（參照2021年11年18日「跟蹤騷擾防制法」草案院長協商資料），最後本條項按此修正條文三讀通過[5]。

　　確實，本法當初立法目的，就是在補充性別暴力防制之不足，因爲依照現行的性平三法或社會秩序維護法處罰太輕，且未看到「反覆、持續性」跟騷脈絡，即時性介入保護機制及嚇阻力不足，另家暴法保護對象亦僅限家庭成員及年滿16歲親密關係之未同居伴侶，因而本法將跟蹤騷擾行爲直接採取犯罪化模式及即時約制（書面告誡）措施，二年內若再犯，可核發保護令及配合預防性羈押，以完善保護婦女安全法制。

　　即時約制的書面告誡及保護令機制，可說是全新的保護型態，便會與現行的性平三法及家暴法產生法規競合問題，縱使如立法理由所言，現行家暴法、性平三法等別有調查、預防、處遇、處罰或其他規定者，亦得適用之，如此若有跟騷行爲，當然可核發書面告誡並啓動刑事偵查程序，二年內若再犯可核

---

[5]　事實上臺灣犯罪被害人人權服務協會（以下簡稱被權會）所成立之「糾纏行爲防制法草案研究小組」，於附錄一被權會所提的修法建議，便主張增訂類似此規定於第6條第4項。

發保護令，同時警察機關受理跟蹤騷擾行為案件，牽涉到性平三法性騷擾，應詢問當事人是否提出刑事告訴及性騷擾申訴，如併提告訴或申訴，調查筆錄或訪談紀錄應分開製作。只是現行家暴法對於家庭成員及年滿16歲親密關係之未同居伴侶其有關保護令之核發及其相關保護措施及效力，已有一套嚴密規範機制，如果競合的話，反而會產生實務運作上很大困難。因而本法明文規定：「家庭暴力防治法所定家庭成員間、現有或曾有親密關係之未同居伴侶間之跟蹤騷擾行為，應依家庭暴力防治法規定聲請民事保護令，不適用本法關於保護令之規定。」確實是明智之舉。

　　現行家暴法第2條所稱家庭暴力，係「指家庭成員間實施身體、精神或經濟上之騷擾、控制、脅迫或其他不法侵害之行為」。騷擾，係「指任何打擾、警告、嘲弄或辱罵他人之言語、動作或製造使人心生畏怖情境之行為」。跟蹤，係「指任何以人員、車輛、工具、設備、電子通訊或其他方法持續性監視、跟追或掌控他人行蹤及活動之行為」。又家暴法施行細則第2條所定「經濟上之騷擾、控制、脅迫或其他不法侵害之行為，包括下列足以使被害人畏懼或痛苦之舉動或行為：一、過度控制家庭財務、拒絕或阻礙被害人工作等方式。二、透過強迫借貸、強迫擔任保證人或強迫被害人就現金、有價證券與其他動產及不動產為交付、所有權移轉、設定負擔及限制使用收益等方式。三、其他經濟上之騷擾、控制、脅迫或其他不法侵害之行為」。如此，現行家暴法所稱家庭暴力行為，是否真如本條立法理由所言：按家庭成員或現有或曾有親密關係之未同居伴侶所為之「跟蹤騷擾行為」亦為「家庭暴力行為」？畢竟本法八大跟騷行為態樣，似乎較現行「家庭暴力行為」所規範較廣。

　　惟本法所稱「跟蹤騷擾行為」，係指以人員、車輛、工具、設備、電子通訊、網際網路或其他方法，對特定人反覆或

持續為違反其意願且與性或性別有關之「監視跟蹤」、「盯梢尾隨」、「威脅辱罵」、「通訊干擾」、「不當追求」、「寄送物品」、「有害名譽」、「濫用個資」等八類行為之一，使之心生畏怖，足以影響其日常生活或社會活動，不是只符合八大跟騷行為態樣即構成，有其嚴謹的構成要件。從此角度觀之，家庭成員間、現有或曾有親密關係之未同居伴侶間構成「跟蹤騷擾行為」，亦可適為「實施身體、精神或經濟上之騷擾、控制、脅迫或其他不法侵害之行為」，即「跟蹤騷擾行為」亦為「家庭暴力行為」。但為避免爭議，建議「法院辦理家庭暴力案件應行注意事項」，可應此「家庭暴力行為」包含跟騷法所稱之「跟蹤騷擾行為」納入規定。

參、就跟蹤騷擾行為定義而言

一、限縮在「性或性別有關」行為

　　有關跟蹤騷擾行為定義，是此次修法最主要爭點，特別是是否限縮在「與性或性別」框架，縱使經過多次黨團協商會議仍無共識，最後交由院會表決。

　　草案第3條所稱跟蹤騷擾行為，政院版規定：「本法所稱跟蹤騷擾行為，指以人員、車輛、工具、設備、電子通訊、網際網路或其他方法，對特定人反覆或持續為違反其意願且與性或性別有關之下列行為之一，使之心生畏怖，足以影響其日常生活或社會活動：一、監視、觀察、跟蹤或知悉特定人行蹤。二、以盯梢、守候、尾隨或其他類似方式接近特定人之住所、居所、學校、工作場所、經常出入或活動之場所。三、對特定人為警告、威脅、嘲弄、辱罵、歧視、仇恨、貶抑或其他相類之言語或動作。四、以電話、傳真、電子通訊、網際網路或其

他設備,對特定人進行干擾。五、對特定人要求約會、聯絡或
為其他追求行為。六、對特定人寄送、留置、展示或播送文
字、圖畫、聲音、影像或其他物品。七、向特定人告知或出
示有害其名譽之訊息或物品。八、濫用特定人資料或未經其同
意,訂購貨品或服務。對特定人之配偶、直系血親、同居親屬
或與特定人社會生活關係密切之人,以前項之方法反覆或持續
為違反其意願而與性或性別無關之各款行為之一,使之心生畏
怖,足以影響其日常生活或社會活動,亦為本法所稱跟蹤騷擾
行為。」

　　國民黨黨團版本規定:「本法所稱跟蹤騷擾行為,指以
人員、車輛、工具、設備、電子通訊、網際網路或其他方法,
對特定人反覆或持續為違反其意願之下列行為之一,使之心生
畏怖,足以影響其日常生活或社會活動:一、監視、觀察、跟
蹤或知悉特定人行蹤。二、以盯梢、守候、尾隨或其他類似方
式接近特定人之住所、居所、學校、工作場所、經常出入或活
動之場所。三、對特定人為警告、威脅、嘲弄、辱罵、歧視、
仇恨、貶抑或其他相類之言語或動作。四、以電話、傳真、
電子通訊、網際網路或其他設備,對特定人進行干擾。五、
對特定人要求約會、聯絡或為其他追求行為。六、對特定人寄
送、留置、展示或播送文字、圖畫、聲音、影像或其他物品。
七、向特定人告知或出示有害其名譽之訊息或物品。八、濫用
特定人資料或未經其同意,訂購貨品或服務。九、其他相類
的行為。對特定人之配偶、直系血親、同居親屬或與特定人社
會生活關係密切之人,以前項之方法反覆或持續為違反其意願
之各款行為之一,使之心生畏怖,足以影響其日常生活或社會
活動,亦為本法所稱跟蹤騷擾行為。第一項各款行為,出於下
列情形者,不屬於跟蹤騷擾行為:一、維護國家安全或國防安
全者。二、依法令規定或依法令授權者。三、為預防、偵查犯
罪或維護社會安全者。四、為維護公共利益而依社會習慣所採

取措施並非不能容忍者。五、有法律上權利而依社會習慣所採取措施並非不能容忍者。前項第四款、第五款之具體類型、範圍，由主管機關參酌社會習慣、生活文化、通念等，於本法施行細則明定之。」

民眾黨黨團版本規定：「本法所稱跟蹤騷擾行為，指任何人無正當理由以人員、車輛、工具、設備、電子通訊、網際網路或其他方法，對特定人反覆或持續為下列行為之一，使之心生畏怖，足以影響其日常生活或社會活動：一、監視、觀察、跟蹤或知悉特定人行蹤。二、以盯梢、守候、尾隨或其他類似方式接近特定人之住所、居所、學校、工作場所、經常出入或活動之場所。三、對特定人為警告、威脅、嘲弄、辱罵、歧視、仇恨、貶抑或其他相類之言語或動作。四、以電話、傳真、電子通訊、網際網路或其他設備，對特定人進行干擾。五、對特定人要求約會、聯絡或為其他追求行為。六、對特定人寄送、留置、展示或播送文字、圖畫、聲音、影像或其他物品。七、向特定人告知或出示有害其名譽之訊息或物品。八、濫用特定人資料或未經其同意，訂購貨品或服務。九、其他相類之行為。」

然而，本條最後在警政署擔心範圍過廣，恐侵害人權及警力負擔太重情況下，仍把跟騷定義限縮在「與性或性別」的框架裡，立法院仍照政院版條文三讀通過。縱使執政黨認為本法是補足性別暴力防制的最後一塊拼圖，是性別暴力防制大邁進，對於保護婦女安全的法制更為完善，且聚焦在「與性或性別」，也可避免警力過度負擔。惟在野黨與婦團認為本條過度限縮範圍、定義不明確，恐形同虛設，被害人可能無法即時得到國家的協助。確實，無端被「跟騷」未必「與性或性別」有關，且行為過程未必有機會讓當事人表示「違反其意願」，如因職場工作關係或因宗教、種族、國籍或身障等其他因素而進行的跟騷，同樣違反當事人意願，甚至更令人恐懼，卻因

與「與性或性別」無關而不受規範，這種法律的差別對待，恐怕也不是社會所期待的，也爲本法之通過留下諸多爭議（參照2021年11月21日聯合報黑白集）。

如此，也只能期待，依照立法院三讀通過本法時所做如下附帶決議，三年後再檢討改善之。「鑑於跟蹤騷擾行爲之多樣，且常隨著科技發展與人們來往方式而變化，爲利本法通過後警方實務執法及落實被害人權益保障，爰請本法主管機關於本法通過後，針對跟蹤騷擾定義、行爲樣態、本法施行情形、犯罪數量、被害人保護扶助需求、相對人處遇等項目進行持續統計及研究分析，以利主管機關三年後啓動之本法檢討與改善」。

二、跟騷行爲要素

按跟騷行爲在法律上的構成要件，通常包括下列三個主要行爲要素：1.行爲過程；2.不受歡迎行爲；3.被害人的恐懼、不安[6]。因此，可以此三要素加以比較說明之。

（一）行為過程

民眾黨黨團版在定義上有納入「無正當理由」，國民黨黨團版並未納入「無正當理由」字樣，但另訂「豁免條款」以限縮適用範圍。民眾黨黨團版所以在定義納入「無正當理由」，乃是先前行政院版的條文有規定「糾纏行爲須基於對特定人之愛戀、喜好或怨恨」，係因本法爲填補現行法令之缺漏，故增訂「主觀要件」以限縮本法之適用範圍，聚焦於防制基本態樣之糾纏侵擾行爲，避免過廣，而過度擴張糾纏行爲，致侵害行

6　黃翠紋，跟蹤騷擾防制法之評析與展望，刑事政策與犯罪研究論文集，2019年12月，頁260。

為人權益，同時避免造成警察機關執勤無法負荷（排除債權人或集團討債或新聞跟追探訪）；其他法律就特定關係、身分或場所（域），有特別規定時，適用該其他法律之規定（如家庭暴力防治法、性騷擾防治法、性別工作平等法或性別平等教育法等）。後在委員會審查時，將主觀要件刪除，改為糾纏行為限於無正當理由，係因本法為填補現行法律之不足，且為使其與一般社會行為劃出分際，該要件以限縮本法所定糾纏行為之範圍，聚焦於防治基本態樣之糾纏干擾行為，避免過度介入民眾之一般社交行為，致侵害行為人權益，並可將有限資源運用於適當之案型。至於有正當理由不構成糾纏行為者，例如：1.依法令之行為；2.依法執行偵查或預防犯罪職務之行為；3.為維護公共利益或個人權利所必要，且依社會通念認為合理而可接受或容忍之行為。

　　政院版則限縮在對特定人反覆或持續為「違反其意願」且「與性或性別」有關之行為，以聚焦在性別暴力的防制。誠如，政院版的立法說明指出：「依前開案例及研究得知，跟蹤騷擾行為可能源自迷戀、追求（占有）未遂、權力與控制、性別歧視、性報復或性勒索等因素，被害人係女性及行為人係男性之比例均約占八成，性別分布差異明顯，且與性或性別有關，爰本法以保護婦女、防制性別暴力為立法意旨。」

　　然而，「違反其意願」且「與性或性別」判斷標準為何？縱使本條立法說明指出：所稱與性或性別相關，依「消除對婦女一切形式歧視公約」（The Convention on the Elimination of all Forms of Discrimination Against Women，以下簡稱CEDAW）第28號一般性建議意旨，「性」（sex）係指男性與女性的生理差異，「性別」（gender）指的是社會意義上的身分、歸屬和婦女與男性的作用，以及社會對生理差異所賦予的社會和文化含義等；次依CEDAW第19號及第35號等一般性建議意旨，「基於性別的暴力」係針對其為女性而施加

暴力或不成比例地影響女性，包括身體、心理或性的傷害、痛苦、施加威脅、壓制和剝奪其他行動自由，即係將女性「在地位上從屬於男性」及其「陳規定型角色加以固化」的根本性社會、政治和經濟手段。另隨著法治化發展、性別主流化概念普及與性別意識提升，CEDAW保護範圍已不限生理女性，而擴及各種性別及性取向者。

　　但是在此立法說明未明確點出「歧視的定義」包括「基於性別的暴力」，也未明確表明「與性或性別有關」的要件為何？現若觀之內政部於2020年10月13日所提出「糾纏犯罪防治法草案」，其所稱「糾纏犯罪」係：「指經性騷擾防治法、性別平等教育法或性別工作平等法調查成立性騷擾行為，經依各該法律規定之裁罰、懲處、懲戒或糾正後，一年內再次、反覆或持續對同一特定對象實施騷擾、控制、脅迫或其他不法侵害之行為，致其心生畏怖，影響其正常生活進行之犯罪。犯性騷擾防治法第二十五條之罪，經起訴或緩起訴後一年內再有前項後段行為者，亦同。」因而將草案歸防治性別暴力初衷，重申「過度追求就是性騷擾」，似乎有意將本法所稱「與性或性別有關」的要件與性騷法的「性騷擾」概念連結在一起，藉此來限縮跟蹤騷擾防制法的適用範圍，以避免警力過度負擔。

　　依據性騷擾防治法所稱性騷擾，係指性侵害犯罪以外，對他人實施「違反其意願而與性或性別有關」之「敵意環境性騷擾」或「交換利益性騷擾」行為之一。如此「性騷擾」是一種非自願性、不受歡迎且是令人不愉快的（感受），與性或性別有關言語或身體行為（內容與態樣），而且該行為目的或結果會影響正常生活進行（結果）。至於性騷擾態樣，包含：1.性的騷擾：(1)涉及言語，如在課堂或辦公室開黃腔；(2)涉及不當碰觸，如上下其手、強抱或強吻；(3)涉及散播文字、圖畫、影音；(4)涉及過度追求、不當追求、電子郵件騷擾、簡訊騷擾、跟監、分手報復等；(5)其他，如指定座位、穿著、

敵意注視偷窺、要求發生性行為等等；2.性別的騷擾：(1)性別特質，如說人娘娘腔、男人婆；(2)性別認同，如說人不男不女；(3)性別傾向，如發表歧視同性戀之言語等。

現若依此來反推，「與性或性別有關」具有性或性別意涵包含多元性別有關行為的要件，或許可區分為：1.與性相關的行為，是指行為人基於性而為的行為，如要求交往、過度或不當追求、癡情迷戀；2.與性相關的暴力行為，如為滿足性慾的性侵害、性剝削、性攻擊、家庭暴力行為，和破壞被害人所享與性有關寧靜及不受干擾平和狀態之性騷擾行為；3.與性別相關的行為，是指行為人基於男女生理差異，而做的不同對待行為，如粗重的工作就是男生要做、女性不適合夜間工作；4.與性別相關的暴力行為，如性別歧視、性霸凌、性貶抑、性威脅等言行舉止等。

然而，有些跟騷行為過程未必有機會讓當事人表示「違反其意願」，無端被「跟騷」未必「與性或性別」有關，且針對陌生關係者，初步要判斷是否具有「與性或性別」有關也有其一定難度。故未來跟騷行為要件適用上，可能會引起爭議，且也有保護不足之處。況且，就本法立法目的而言，並不限於補充性別三法漏洞，而是為保護個人身心安全、行動自由、生活私密領域及資訊隱私，免於受到跟蹤騷擾行為侵擾，維護個人人格尊嚴。

現若觀察日本現行之動態，儘管立法當時，將糾纏騷擾行為的處罰限於滿足對特定人之「戀愛感情、其他好感或該等感情無法滿足時之怨恨為目的」下所為的行為，是為了要使處罰不過度擴張，以免對國民對追求幸福及言論自由造成過度的限制。然而，考慮到如在職場上發生糾紛後，對相對人以各種方式糾纏、騷擾的情況、對於與自己配偶通姦的相對人糾纏、騷擾，以及對收容受家暴婦女的保護所職員進行糾纏、騷擾等情況，實際上均有可能發生，故日本刑事法學界亦有認為應將糾

纏騷擾行爲罪中關於行爲目的之規定擴張的意見[7]。

特別是2021年日本針對該法進行修正時最大爭論，乃是日本政府受到被害人團體強烈要求應刪除對特定人「好感」之要件，連日本不分黨派國會議員都有贊成應予以刪除看法，縱使最後討論結果仍保留該要件，暫不予刪除，惟要求下次修正時應以充分討論檢討之[8]。

本此觀點，爲避免未來犯罪要件適用上之爭議及保護之不足，應將「違反其意願」且「與性或性別有關」刪除，以「無正當理由」涵蓋，才能達到保護被害人目的，且使其與一般社會行爲劃出分際，以取代現行法限縮在「違反其意願」且「與性或性別」有關之行爲。但爲避免警力過度負擔，立法理由上應明確說明有如下正當理由情形，便不構成跟蹤騷擾：1.依法令之行爲；2.依業務上正當之行爲；3.爲維護公共利益或個人權利所必要，且依社會通念認爲合理而可接受或容忍之行爲。

（二）不受歡迎行爲

不受歡迎行爲各個版本基本上聚焦在「監視跟蹤」、「盯梢尾隨」、「威脅辱罵」、「通訊干擾」、「不當追求」、「寄送物品」、「有害名譽」、「濫用個資」等行爲，差距不大。只是民眾黨黨團版及國民黨黨團版設有「其他相類之行爲」概括條款之規定，以周全被害人保護，但政院版並無此規定。本文基於罪刑明確原則，認爲無需增訂「其他相類之行爲」概括條款，現行條文無此規定，可避免適用上爭議。

只是我國在跟騷行爲態樣的定義上，相較於日本法所稱

7　黃士軒，概觀日本糾纏騷擾行爲罪的處罰概況，月旦刑事法評論，第5期，2017年6月，頁109；今村暢好，つきまとい行爲に対する刑事規制の特殊性と諸問題，松山大學論集，第30卷第5-1號，2018年12月，頁59。

8　2021年8月20日朝日新聞第13版報導。

之「糾纏等」行為態樣（如表1所示），用語較輕，如只規定「監視跟蹤」、「寄送物品」、「要求約會、聯絡或其他追求行為」，然日本法用語顯得較為具體、強烈，如「監視告知」、「寄送污物」、「要求面會、交際或其他並無義務之事」。縱使如此，我國所規範的跟騷行為除了要滿足一定行為態樣外，該等行為需對「特定人反覆或持續」為「違反其意願且與性或性別有關」，並讓被害人達到「心生畏怖，足以影響日常生活或社會活動」，還是有一定的嚴謹度，只是在用語上確實可參考日後實行狀況，適時檢討調整之。

表1　日本「糾纏等」行為態樣

「糾纏等」態樣	行為列舉
1.「糾纏盯梢」 糾纏、埋伏、妨害行進，或於住居、工作場所、學校、其他現在所在之場所或通常所在之場所（以下稱「住居等」）之附近盯梢，擅闖住居，或無故於住居等之附近徘徊。	1.糾纏在被害人身後。 2.埋伏在被害人通勤或就學途中。 3.在被害人住所、公司、學校或碰巧路過等地附近盯梢。 4.強行闖入被害人住所。
2.「監視告知」 告知行動正被監視中之事項，或放置於其可得知之狀態。	1.被害人回到家時打電話給被害人說「歡迎到家」。 2.以電話或網際網路告知被害人某日行蹤。 3.告知被害人不論何時何地都在監視他。
3.「不當追求」 要求會面、交往或其他並無義務之事。	1.要求與被害人交往、約會。 2.要求被害人收受其寄送禮物或其他並無義務之事。
4.「粗暴辱罵」 顯著實施粗魯或粗暴之言行舉止。	1.大聲喝斥被害人混蛋。 2.在被害人住家外狂叫。

（接下頁）

「糾纏等」態樣	行為列舉
5. 「通訊干擾」 濫打無聲電話，或雖被拒絕但仍連續打電話、寄送文書、使用傳眞機傳送訊息、使用電子郵件傳送訊息等。	1. 被害人接起電話時都不出聲。 2. 不論是否遭拒一直打電話給被害人。 3. 不論是否遭拒不斷發送文書、傳眞、電子郵件給被害人。
6. 「寄送穢物」 寄送穢物、動物屍體或其他明顯使人不快或嫌惡之物，或放置於其可得知之狀態。	1. 將穢物、動物屍體等明顯使人不快之物寄送至被害人家中。 2. 將排泄物、動物屍體等明顯使人不快之物放在被害人汽車上。
7. 「有害名譽」 告知有害其名譽之事項，或放置於其可得知之狀態。	1. 將傷害被害人名譽的資料寄送給被害人。 2. 將傷害被害人名譽的文章透過網路傳遞。
8. 「性羞辱事」 告知有害其性方面羞恥心之事項，或放置於其可得知之狀態，或送出有害性方面羞恥心之文書、圖畫、與電磁紀錄（係指以電子方式、電磁方式或其他依據人的知覺無法認識之方式所製作之紀錄，而提供由電子計算機爲資訊處理之用者。以下於本款同）有關之記錄媒體等或其他之物；或放置於其可得知之狀態；或傳送有害其性方面羞恥心之電磁紀錄及其他紀錄，或放置於其可得知之狀態。	1. 寄送猥褻圖片、影像或在網路上刊登或播放猥褻圖片、影像。 2. 透過電話或網際網路以猥褻言語、文字羞辱被害人。

（接下頁）

「糾纏等」態樣	行為列舉
9.未經其承諾而取得位置資訊等。	1.在車子上偷偷地裝置GPS設備。 2.竊取裝置GPS設備的位置資訊。

資料來源：令和3年法律第45号，ストーカー規制法。

（三）被害人的恐懼、不安

　　有關引起被害人的恐懼、不安部分，政院版、民眾黨黨團版及國民黨黨團版均規定「使之心生畏怖，足以影響其日常生活或社會活動」，但先前民團共識版規定「使被跟蹤者心生不安或影響日常生活作息」，認定上民團版較政院版寬鬆。基於本法應在保護被害人平穩生活安定及平衡不過度侵害人民追求幸福及表現自由，以採取「心生畏怖，足以影響其日常生活或社會活動」較妥[9]。

　　有鑑於此，臺灣犯罪被害人人權服務協會曾建議本條文修正為：「本法所稱跟蹤騷擾行為，指無正當理由以人員、車輛、工具、設備、電子通訊、網際網路或其他方法，對特定人反覆或持續為下列行為之一，使之心生畏怖，足以影響正常生活或社會活動：一、監視、觀察、跟蹤或知悉特定人行蹤。二、以盯梢、守候、尾隨或其他類似方式接近特定人之住所、居所、學校、工作場所、經常出入或活動之場所。三、對特定人為警告、威脅、嘲弄、辱罵、歧視、仇恨、貶抑或其他

9　這樣的立法例，較類似是採取「適性犯」之立法。適性犯是藉由行為必須存在有規範所要求的特定危險性質，而在法益侵害的線性過程，即便行為還沒到達具體危險的門檻，也可以因為行為滿足構成要件所描述的危險條件，而加以處罰。關於適性犯介紹可參照王皇玉，跟蹤糾纏行為之處罰：以德國法制為中心，臺大法學論叢，第47卷第4期，2018年12月，頁2374-6。

相類之言語或動作。四、以電話、傳眞、電子通訊、網際網路或其他設備，對特定人進行侵擾。五、對特定人要求約會、聯絡或爲其他追求行爲。六、對特定人寄送、留置、展示或播送文字、圖畫、聲音、影像或其他物品。七、向特定人告知或出示有害其名譽之訊息或物品。八、濫用特定人資料或未經其同意，訂購貨品或服務。對特定人之配偶、直系血親、同居親屬或與特定人社會生活關係密切之人，無正當理由以前項之方法反覆或持續爲違反前項各款行爲之一，使之心生畏怖，足以影響其日常生活或社會活動，亦爲本法所稱跟蹤騷擾。」確實可作爲未來修法改善之參考。

肆、就即時介入保護機制及救濟而言

一、即時介入機制

　　糾纏跟騷行爲具有「持續性高」、「危險性高」、「恐懼性高」及「傷害性高」等特性，實施某些特定行爲，會令被害人心生畏怖，亟需公權力即時介入約制保護。

　　保護途徑若採德國式的「司法介入」模式，優點是程序較爲愼重，缺點則是較耗時；相對地，若採先警察介入後司法的日本模式，優點是較即時全面並可循序漸進、逐步加壓，缺點是有加重警察工作負擔傾向。

　　按2018年原政院版草案送第9屆立法院審查之條文，並未交由警察機關核發警告命令禁止行爲人再爲糾纏行爲，以避免違反憲法第8條正當法律程序保障人民身體自由意旨之爭議，惟於立法院內政委員會審查時，多數委員認爲現行法令缺少即時有效之保護機制，因而加入警察機關核發警告命令機制，提

供被害人即時之保護[10]。

　　確實，警察機關核發警告命令除牽涉到侵害人權之虞外，亦關聯著是否有跟蹤行為之認定，如在不易認定的情況下，也易引來大量的行政訴訟之救濟問題而增加警力負擔。然基於被害人之即時保護，且為落實本法保護被跟騷者平穩生活不被干擾，民團共識版及國民黨黨團版所主張的是，可同時向警察機關聲請警告命令與向法院聲請保護令的雙保險設計，且對違反警告命令者有罰則及救濟規定。

　　政院版則是規定警察機關受理跟蹤騷擾行為案件，應即開始調查、製作書面紀錄，並告知被害人得行使之權利及服務措施。前項案件經調查有跟蹤騷擾行為之犯罪嫌疑者，應予行為人書面告誡；必要時，並應採取其他保護被害人之適當措施。書面告誡有二年的效力，行為人若再犯，被害人、警察或檢察官都可向法院申請保護令保護被害人。檢方若認為行為人罪嫌重大，有反覆實施跟騷犯罪之虞，也可以向法院聲請預防性羈押，多管齊下保護犯罪被害人[11]。

　　確實，跟騷行為的直接犯罪化與多管齊下即時介入保護機制，才能免除人民的不安。因此，政院版以警察書面告誡取代警告命令，避免認定的困難及過度介入人民身體自由之意旨，再加上書面告誡後若再犯，被害人等可申請保護令及聲請預防性羈押，確實某種程度也可達到即時保護被害人的功能。但告誡係指警察機關以通知、警告、制止等方法，使行為人即時停止跟蹤騷擾，可供檢察機關實施強制處分或法院審核是否核發保護令之參考而已，並無罰則之規定，且在條文中並無救濟規

10　許福生，讓跟蹤騷擾防制法草案更明確可行之道，警光雜誌，第767期，2020年6月，頁64。

11　參照蘋果日報，【防堵騷擾】「跟騷法」政院版出爐！網路性騷等8樣態入法最重判5年，https://tw.appledaily.com/politics/20210421/E272BSFIZFBGNEA4OQRR7HTFYQ/（2021年5月1日造訪）。

定，當初草案只在第4條立法說明「至不服書面告誡者，其救濟循警察職權行使法等規定辦理」而已[12]。但國民黨黨團版則主張，警察機關可核發書面告誡及警告命令，同時也可向法院聲請保護令的雙保險設計，且對違反警告命令者有罰則及得提起行政訴訟救濟規定。另民眾黨黨團版主張，警察機關可核發書面告誡，不服警察機關之書面告誡者得提起行政訴訟救濟規定；於行為人經檢察官不起訴處分或法院無罪判決確定後，檢察官或法院應通知原處分機關撤銷書面告誡。

　　按書面告誡對於行為人發生禁止再為跟騷行為之法律效果，並間接對於行為人之名譽生不利益之影響，應屬對於行為人之不利益處分，應明定書面告誡之救濟程序。惟鑑於警察機關針對跟騷行為案件之書面告誡，具有質輕量多之特性，類似道路交通裁決事件，且為避免救濟程序延宕過久，可參考行政訴訟法關於交通裁決事件訴訟程序規定。另於行為人經檢察官不起訴處分或法院無罪判決確定後，檢察官或法院應通知原處分機關，依行政程序法第117條規定，撤銷違法之書面告誡處分。如此不僅得釐清性質為保全處置之書面告誡處分與終局決定之不起訴處分或法院無罪判決間之關係，亦得避免無權利保護必要之行政救濟程序繼續進行[13]。

　　因此，民眾黨黨團版本及時代力量黨團版本均建議應對

12　警政署代表馮專門委員強生於立法院第10屆第3會期黨團協商會議時表示：「原來行政院版的書面告誡，當時在研議的過程中是想要把它界定為一個觀念通知、一個事實行為，它不是一般的行政處分，行政院當時的設計是做這樣的處理。當然這是一個政策問題，究竟是界定為一般的觀念通知、一個事實行為，或者要把它界定為行政處分，如果是界定為行政處分就會跑出救濟。」參照立法院公報第110卷第65期黨團協商紀錄，2021年5月13日，頁439。

13　參照姚葦嵐，對於政院版跟騷法草案之評析——以草案第4條第2項書面告誡為中心，臺灣犯罪被害人人權服務協會主辦，政院版跟騷法草案評析記者會＆座談會，2021年4月26日，頁28。

於書面告誡之救濟明確規定一條文，而非如政院版只在第4條立法說明「至不服書面告誡者，其救濟循警察職權行使法等規定辦理」而已。故社團法人臺灣犯罪被害人人權服務協會所提草案，建議書面告誡之救濟如下：「不服警察機關之書面告誡者，得於書面告誡送達次日起三十日內，以書狀敘明理由，以原處分機關爲被告，逕向被告機關所在地之地方法院行政訴訟庭提起行政訴訟。前項裁判，不得聲明不服。但判決係將警察機關所核發之書面告誡撤銷者，被害人得上訴。除本法別有規定外，行政訴訟法第二百三十七條之三至第二百三十七條之九之規定，於前二項訴訟準用之。於行爲人經檢察官不起訴處分或法院無罪判決確定後，檢察官或法院應通知原警察機關撤銷書面告誡。」

最後，考量應給予行爲人或被害人對於警察機關核發或不核發書面告誡不服時的救濟管道，且又避免程序的過於複雜拖延及混亂，本法第4條三讀通過條文規定：「警察機關受理跟蹤騷擾行爲案件，應即開始調查、製作書面紀錄，並告知被害人得行使之權利及服務措施。前項案件經調查有跟蹤騷擾行爲之犯罪嫌疑者，警察機關應依職權或被害人之請求，核發書面告誡予行爲人；必要時，並應採取其他保護被害人之適當措施。行爲人或被害人對於警察機關核發或不核發書面告誡不服時，得於收受書面告誡或不核發書面告誡之通知後十日內，經原警察機關向其上級警察機關表示異議。前項異議，原警察機關認爲有理由者，應立即更正之；認爲無理由者，應於五日內加具書面理由送上級警察機關決定。上級警察機關認爲有理由者，應立即更正之；認爲無理由者，應予維持。行爲人或被害人對於前項上級警察機關之決定，不得再聲明不服。」

二、書面告誡性質

　　按書面告誡對於行為人發生禁止再為跟騷行為之法律效果，期間長達二年，且經警察機關鍵入資料庫系統中反覆比對運用，將間接對行為人名譽生不利益影響，應屬對行為人不利益處分，然本法卻否認告誡書之處分性，而無司法救濟機會，恐與正當法律程序有違。縱使本條之立法說明表示：依日本實務研究，部分跟蹤騷擾行為人對其已實際影響他人之作為欠缺自覺，故在纏擾行為規制法（ストーカー行為等の規制等に関する法律）以「警告」要求行為人不得再為之，縱使違反警告並無罰則規定，仍有八成以上行為人經受警告後即停止再為跟蹤騷擾；本法參考日本立法例設計「書面告誡」制度，司法警察（官）知有跟蹤騷擾之犯罪嫌疑者，除即依刑事訴訟法開始調查外，應不待被害人提出告訴或自訴，以通知、警告、制止等方法，使行為人即時停止跟蹤騷擾，以達迅速保護被害人之立法目的，且可供檢察機關實施強制處分之參考，或法院審核是否核發保護令之前提；「書面告誡」性質屬刑事調查程序中之任意處分。又為落實保護作為之迅捷，爰設計特別救濟程序。

　　如此立法說明，雖將「書面告誡」定性為刑事調查程序中之任意處分，但畢竟書面告誡對被告誡人仍有一定之強制法效果，且期間長達二年，對於被告誡人之人身自由、隱私及名譽難免有所侵害，書面告誡救濟授權警察機關得自行認定，未受檢察官及法院之監督，恐與正當法律程序原則有違。為此，中華警政研究學會於2021年11月5日所舉辦的「跟蹤騷擾防制法案之評析」圓桌論壇，與談人陳佳瑤律師建議制定該法有關程序部分提出如下意見：1.告誡宜定性為司法警察或司法警察官之強制處分行為，程序上應受檢察官及法院之監督；2.草案第4條、第5條之「警察機關」宜修正為「司法警察或司法警察

官」，以符刑事訴訟法制；3.書面告誡處分應依有無急迫性，在有急迫性情況下，由法律授權司法警察或司法警察官逕行核發，再於一定期間內報由檢察官轉請法院許可；4.書面告誡處分若無急迫性情況，應事先經由司法警察或司法警察官報請檢察官轉請法院許可核發告誡令狀；5.被告誡人不服即循刑事訴訟之異議、準抗告或抗告等程序來救濟；6.避免程序混亂、裁判矛盾兩歧及程序延宕，達成立即、迅速保護被害人之立法目的。可惜最後並未被立法者所採，誠如陳律師所言，告誡對被告誡人亦生一定之強制法效，相當於刑事訴訟程序的強制處分，且期間長達二年，對於被告誡人之人身自由、隱私及名譽有嚴重侵害，但其要件、程序尚未明確規定？草案授權警察機關得自行認定，是否合乎正當法律程序原則之要求？書面告誡對被告誡人之憲法基本權產生嚴重侵害，此種侵害如此嚴重，所以此部分救濟須認真考慮[14]。因此，現若將「書面告誡」定性為刑事調查程序中之處分，畢竟對被告誡人仍有一定強制法效果，如此已相當於刑事強制處分，故對此屬強制處分「書面告誡」救濟程序，可參照現行刑事訴訟法第131條規定之精神，若警察機關核發書面告誡者，應於核發後3日內報告該管檢察署檢察官及法院。法院認為不應准許者，應於5日內撤銷之。否則書面告誡如此設計的特別救濟程序規定，無司法介入審查機制，未來可能有違憲之虞。

三、經不起訴處分後書面告誡之效力

　　倘若跟騷罪經移送地檢署偵辦後，經檢察官為不起訴處分確定，警察機關核發之書面告誡是否仍有效力？是否應予職權

14　「跟蹤騷擾防制法案之評析」圓桌論壇會議紀錄，http://www.acpr.org.tw/PDF/Panel_20211105_Prevention%20of%20stalking.pdf（2021年11月22日造訪）。

撤銷？若未予撤銷，行為人於二年內對同一被害人再為跟騷行為時，得否聲請保護令？

　　針對此爭議，或許可主張，檢察官對於跟騷案件不予起訴，可能是證據蒐集等問題，非謂行為人完全無跟騷嫌疑，且參照本法立法理由所稱犯罪嫌疑，係指初始嫌疑，即非單純臆測而有該犯罪可能者，無須達到司法警察（官）移送檢察官或檢察官提起公訴之程度，故若未予撤銷，行為人於二年內對同一被害人再為跟騷行為時，依法得聲請保護令。

　　然而，本法既然已將跟騷行為犯罪化，且認定「書面告誡」性質屬刑事調查程序中之任意處分，當檢察官介入此刑事程序之審查，於其不起訴處分確定後，本案即終結，於相關刑事程序也已完成，除非一審檢察官之不起訴處分，還在再議期間，二審檢察長在沒有駁回再議前，其書面告誡處分才有效力，否則一旦不起訴處分確定後，其書面告誡便失效，如同刑事訴訟法第88條之1逕行拘提一樣，雖然警察機關認為符合四款要件而逕行拘提，然一旦檢察官不核發拘票，則逕行拘提之效力就被撤銷一樣。

　　因此，涉嫌跟騷行為經檢察官為不起訴處分確定後，行為人於二年內對同一被害人再為跟騷行為時，被害人不能據此聲請保護令，除非檢警考量個案具體危險情境，可不受書面告誡先行之限制，直接依職權向法院聲請保護令。

伍、就有關保護令問題而言

一、保護令之內容

　　政黨協商版防制令內容包含：1.禁止行為人以人員、車輛、工具、設備、電子通訊或其他方法，監視、觀察、跟蹤或

知悉特定人或與其社會生活關係密切之人之行蹤或活動；2.禁止行為人以盯梢、守候、尾隨或其他類似方式接近特定人或與其社會生活關係密切之人之住所、居所、學校、工作場所、經常出入或活動場所，並得命行為人遠離特定場所一定距離；3.禁止行為人使用電話、傳真或其他電子通訊設備，干擾、影響特定人或與其社會生活關係密切之人；4.禁止行為人對特定人或與其社會生活關係密切之人要求約會、聯絡或其他追求行為；5.禁止行為人對特定人或與其社會生活關係密切之人寄送、留置、展示或播送文字、圖畫、聲音、影像或其他物品；6.禁止行為人對特定人或與其社會生活關係密切之人告知或出示有害個人名譽之訊息或物品；7.禁止行為人對特定人或與其社會生活關係密切之人濫用個人資料或未經其同意，訂購貨品或服務；8.其他為防止行為人再為跟蹤騷擾行為之必要措施。

　　民團共識版防制令內容包含：1.禁止對被害人或其相關之人為第2條、第3條之跟蹤、騷擾行為；2.禁止以任何方式蒐集、記錄或持有被害人個人非公開資訊或交付於他人；3.禁止直接或間接將個人資訊加以傳遞、散布、播放或登載；4.命遠離被害人或其相關之人之住居所、學校、工作場所或其他經常出入場所特定距離；5.命回復、賠償或返還因跟蹤、騷擾行為所破壞或取走之財產、物品或電磁紀錄；6.命交付使用於跟蹤、騷擾行為之物件或電磁紀錄予被害人或其他適當之人，或命移除或銷毀之；7.命支付被害人或其相關之人因防止或制止跟蹤、騷擾行為所生之費用；8.於必要時，命接受身心輔導教育或治療課程；9.有關保護被害人或其相關之人的措施或其他必要命令。

　　相較於民團共識版防制令內容，政院版保護令內容顯然不足，只規定：1.禁止相對人為第3條第1項各款行為之一，並得命相對人遠離特定場所一定距離；2.其他為防止相對人再為跟蹤騷擾行為之必要措施。誠如民團版在其立法說明所言：根據

外國的研究，有一比例之跟蹤騷擾的行為人有高度幻想且有心理疾患，常見的是思覺失調症。故法院在核發防制令時，倘發現行為人有心理或精神疾病而引發跟蹤騷擾行為，參酌性侵害防治法，於必要時得命行為人接受身心輔導教育或治療課程。身心輔導教育或治療課程由直轄市、縣（市）政府之衛生主管機關辦理之。

　　由於政院版保護令內容明顯不足，故審查會經過各委員的討論，照管碧玲委員版本修正後通過第12條規定：「法院於審理終結後，認有跟蹤騷擾行為之事實且有必要者，應依聲請或依職權核發包括下列一款或數款之保護令：一、禁止相對人為第三條第一項各款行為之一，並得命相對人遠離特定場所一定距離。二、禁止相對人查閱被害人戶籍資料。三、命相對人完成處遇計畫。四、其他為防止相對人再為跟蹤騷擾行為之必要措施。相對人處遇計畫相關規範，由衛生福利主管機關定之。保護令得不記載聲請人之住所、居所及其他聯絡資訊。」

　　縱使如此，有關保護令內容，除命相對人完成治療性處遇計畫外，多為消極性禁止條款，未如民團共識版所主張加入有損害回復、賠償，交付等積極性條款，對被害人的權益保障尚嫌不足，未來修法時可考慮適度納入。

二、保護令之種類

　　保護令種類，因時代力量黨團版堅持要將保護令分為通常保護令、暫時保護令與緊急保護令，但其他版本均只規範一種保護令，以致於有關保護令種類規範的第6條及第13條在黨團協商會議仍無共識，保留交由立法院長召集協商，經過三次協商仍保留，最後交由院會表決仍維持只一種保護令，最後三讀通過第5條條文規定：「行為人經警察機關依前條第二項規定為書面告誡後二年內，再為跟蹤騷擾行為者，被害人得向法院

聲請保護令；被害人爲未成年人、身心障礙者或因故難以委任代理人者，其配偶、法定代理人、三親等內之血親或姻親，得爲其向法院聲請之。檢察官或警察機關得依職權向法院聲請保護令。保護令之聲請、撤銷、變更、延長及抗告，均免徵裁判費，並準用民事訴訟法第七十七條之二十三第四項規定。家庭暴力防治法所定家庭成員間、現有或曾有親密關係之未同居伴侶間之跟蹤騷擾行爲，應依家庭暴力防治法規定聲請民事保護令，不適用本法關於保護令之規定。」第12條規定：「法院於審理終結後，認有跟蹤騷擾行爲之事實且有必要者，應依聲請或依職權核發包括下列一款或數款之保護令：一、禁止相對人爲第三條第一項各款行爲之一，並得命相對人遠離特定場所一定距離。二、禁止相對人查閱被害人戶籍資料。三、命相對人完成治療性處遇計畫。四、其他爲防止相對人再爲跟蹤騷擾行爲之必要措施。相對人治療性處遇計畫相關規範，由中央衛生主管機關定之。保護令得不記載聲請人之住所、居所及其他聯絡資訊。」

　　本文基於跟騷行爲已採取直接犯罪化模式，且與家暴本質不同，故保護令設計無須跟家暴法一樣；但爲解決法律競合問題，本法之保護令以不能聲請家庭暴力防治法之保護令爲限，三讀通過第5條確實也增訂此項規定，相當可採。

三、檢警聲請不受書面告誡先行限制問題

　　現行本法施行細則第15條規定，檢察官或警察機關依本法第5條第2項爲保護令之聲請，應考量個案具體危險情境，且不受書面告誡先行之限制。細則如此規定，讓身爲公益代表之檢、警考量個案具體危險情境，不受書面告誡先行之限制，以縮短保護令聲請核發時程，發揮類似緊急保護令作用以即時保護；且從本法第12條保護令核發要件來看，只要法院認有

跟蹤騷擾行為之事實且有必要者，即應依聲請或依職權核發包括一款或數款之保護令，有無書面告誡程序並非絕對要件，應是值得肯定的。

只是本法第5條第2項立法方式太簡略，導致從文義及體系解釋，第5條第2項應延續第1項要件，須先書面告誡；且觀之修法過程中，司法院基本立場亦是主張「書面告誡先行」，以避免法院查證困擾。因此，施行細則如此規定，是否逾越母法之文義及體系解釋，仍值得觀察。

然而，本文基於被害人人權之保護，且當時民團共識版就是希望雙軌並行，時代力量黨團版也堅持要將暫時保護令與緊急保護令納入，倘若由身為公益代表之檢、警考量個案具體危險情境，以便能即時避免危害及更加強化強制力，又能避免司法院查證困擾，不受書面告誡先行之限制，應該是可行的。況且參照2021年11月10日立法院第10屆第4會期黨團協商會議紀錄，范雲委員即表示：「其實第4條、第5條和時力的第6條都是連動的，我的版本為什麼沒有像時力的保護令分成暫時、緊急及所謂的通常？其實就是取決於書面告誡能不能很容易拿到。依據日本的研究，拿得到書面告誡是比較重要的。如果我們第4條、第5條的設計是容易拿到，沒有這麼繁複的話，其實可以達到一樣的效果，當然如果加上時力的意見會更好，只是這是大家的選擇。另依行政院版本的第5條，受害者要向法院聲請保護令的話，的確要先拿到書面告誡，但如果是警察機關或檢察官覺得需要保護令的話，由警察機關及檢察官依職權向法院聲請保護令，就可以不需要書面告誡，所以留有這個空間在，這是行政院版本第5條第1項、第2項的規定。」同樣地，林為洲委員也表示：「兩層就是先告誡，然後再保護令，我們大概都支持，因為第一層要快速，第二層就是要確認他的加害行為是不是達到一定的程度，對此我們支持。至於名稱是用緊急保護令或是怎麼樣，我們沒有太大的意見，但我還是要

再強調一次，就是不要以書面告誡為前提，如果嚴重的時候真的可以直接聲請保護令。否則一定要走這樣的程序，因為書面告誡，不管口頭告誡或是書面告誡，嚇阻的效果還是有限，到最後還是保護令的相關罰責才會比較重。像屏東挖眼案就是很快的速度就很嚴重了，沒有多長的時間，幾次以後暴力就來了，如果那個案例要走正常程序，沒有辦法直接聲請保護令的話，有時候反而沒有辦法防制這樣的行為，我們的意思是這樣。」范雲委員及林為洲委員的此段說明，也可供未來法院判斷上之參考。

陸、就相關機關協力合作與建立被害人支援體系而言

一、相關機關協力合作問題

按政黨協商版本法原屬廣義犯罪被害人保護體系，惟原草案卻無對於「被害人支援體制」之規定，只附帶決議：為保護因跟蹤騷擾行為遭受身心危害之受害人，使其得尋求相關資源之協助。依原草案第27條制定之施行細則應納入被害人保護扶助措施之相關規定，以維護、保障被害人之身心狀況，母法並未加入「被害人支援體制」。況且原草案並無如家暴法第4條所定主管機關及目的事業主管機關應就其權責範圍，應全力配合之規定，只在第2條立法說明指出中央及地方主管機關與相關機關應就其權責範圍，針對跟蹤騷擾行為防制之需要，對涉及跟蹤騷擾行為相關業務，應全力配合。

同樣地，政院版草案總說明雖強調：「跟蹤騷擾業經聯合國將其與性侵害、家庭暴力同列為全球婦女人身安全三大威脅，該行為係針對特定人反覆或持續之侵擾，使被害人心生畏

怖、長期處於感受敵意或冒犯之情境，除不當影響其正常生活之進行，更可能衍生為重大犯罪案件。為有效防範及處罰跟蹤騷擾行為，以防止其危害他人身心安全、行動自由、生活私密領域或資訊隱私，並使公權力適時介入以完整保護被害人，強化防制性別暴力。」惟政院版卻只在第2條規定主管機關應辦理之事項，至於相關機關協力合作只在說明欄表示：「為整合運用政府資源，各機關應發揮專業職能，依相關法規規定執行被害人保護扶助、行為人心理健康支持或精神疾病治療、防制教育推動等保護措施，以有效防制跟蹤騷擾行為。」立法密度顯然不足，也沒有達到協力合作防制跟騷行為。

　　反而是民團共識版鑑於跟蹤騷擾所涉及之面向廣泛，並非單一主管機關即可處理，故建議明定中央主管機關及目的事業主管機關，應就其職責與本法所訂之事項，互相合作配合。且為有效推動跟蹤騷擾防治工作，應明定中央主管機關應設立防治跟蹤騷擾推動小組，由內政部警政署擔任推動小組執行單位，並需編列專人與預算辦理各工作事項，相當可採。

　　由於相較於各委員版的宏觀，政院版本條之規範顯然過於狹隘，於是本條在審查會引起廣泛討論，並保留在黨團協商會議取得共識，修正通過第2條條文規定：「本法所稱主管機關：在中央為內政部；在直轄市為直轄市政府；在縣（市）為縣（市）政府。本法所定事項，主管機關及目的事業主管機關應就其權責範圍，依跟蹤騷擾防制之需要，主動規劃所需保護、預防及宣導措施，對涉及相關機關之防制業務，並應全力配合。其權責如下：一、主管機關：負責防制政策、法規與方案之研究、規劃、訂定及解釋；案件之統計及公布；人員在職教育訓練；其他統籌及督導防制跟蹤騷擾行為等相關事宜。二、社政主管機關：跟蹤騷擾被害人保護扶助工作、配合推動跟蹤騷擾防治措施及宣導。三、衛政主管機關：跟蹤騷擾被害人身心治療、諮商及提供經法院命須完成相對人治療性處遇計

畫等相關事宜。四、教育主管機關：各級學校跟蹤騷擾防制教育之推動、跟蹤騷擾被害人就學權益維護及學校輔導諮商支持、校園跟蹤騷擾事件處理之改善等相關事宜。五、勞動主管機關：被害人之職業安全、職場防制教育、提供或轉介當事人身心治療及諮商等相關事宜。六、法務主管機關：跟蹤騷擾犯罪之偵查、矯正及再犯預防等刑事司法相關事宜。七、通訊傳播主管機關：廣播、電視及其他通訊傳播媒體違反本法規定之處理等相關事宜。八、其他跟蹤騷擾防制措施，由相關目的事業主管機關依職權辦理。中央主管機關爲推動前述事項應設置防制跟蹤騷擾推動諮詢小組，遴聘（派）學者專家、民間團體及相關機關代表之人數，不得少於總數二分之一，且任一性別人數不得少於總數三分之一。」

　　本條最後在立法院院長召集的黨團協商會議時，除將第1項第2款社政主管機關的權責於最後加入等相關事宜；另第3款衛政主管機關修正爲衛生主管機關，以及刪除通訊傳播主管機關權責外，其餘均按上述審查會文字通過。

　　況且，依照立法院三讀通過本法時所做之附帶決議：「壹、有關『跟蹤騷擾防制法』第二條第二項第一款『主管機關……其他統籌及督導防制跟蹤騷擾行爲等相關事宜』，應包含：一、督導及推展跟蹤騷擾防制教育。二、協調被害人保護及相對人處遇計畫。三、建立並管理跟蹤騷擾電子資料庫，供法官、檢察官、警察及其他政府機關使用，並對被害人個人資料予以保密。貳、因中央及地方主管機關與相關目的事業主管機關負責事項龐雜，爲擴大可運用之資源及社會參與層面，俾利防制工作之推動，中央及地方主管機關與相關目的事業主管機關辦理本法各項工作，得按權責與實際需求自行或委託民間團體，提供被害人下列協助：一、人身安全保護。二、必要之醫療協助。三、通譯服務。四、法律協助。五、心理輔導及諮詢服務。六、案件偵查或審理中陪同接受詢（訊）問。七、必

要之經濟補助。八、其他必要之協助。」

　　誠如學者之研究指出，立法雖然至關重要，但如果沒有明確跟騷行為防治政策和有效執法策略，法律是無法實現保護被害人目的。然觀察各國執法效益卻相當有限，其主要原因包含：1.跟騷案件證據蒐集不易；2.對部分跟騷者難以發揮法律的威嚇效果；3.警察若是孤立的執法將難發揮立法效益；4.對被害人保護不能僅依賴公權力介入尚須提供其他保護措施[15]。如此為了使本法能有效執行，實現本法立法目的，如何落實公私部門協力，以保護支援被害人及治療處遇相對人，便成為本法有效性之重點所在，而非單以警察之力為之。故未來可參照家庭暴力及性侵害防治推動小組運作之經驗，透過所設置防制跟蹤騷擾推動諮詢小組運作，以強化網絡連結，實現本法立法目的。

二、建立被害人支援體系問題

　　日本於2016年修正的「纏擾行為規制法」，規定了對被害人之支援，亦即對被害人之支援，必須有完整的對策，方足以防止被害之發生。明定警察本部長等之援助等、相關職務關係者之考量、國家及地方公共團體、關係事業者等之支援、調查研究之推進、為了資助防止糾纏行為等之其他措施、為了圖謀支援等之措施等。換言之，被害人如為了自行防止該糾纏行為等之被害並願接受援助，而向警察機關等提出申請，警察機關等應依法向該被害人示範自行防止該糾纏行為等之被害措施。相關職務關係者、關係事業者亦應努力給予被害人支援，並連結民間力量以使被害人得遠離被害[16]。

15　黃翠紋，跟蹤騷擾防制法之評析與展望，刑事政策與犯罪研究論文集，2019年12月，頁283-286。

16　許福生，讓跟蹤騷擾防制法草案更明確可行之道，警光雜誌，第767期，2020年6月，頁31。

因此，本法立法主要目的，應在防制跟騷及保護被害人，因而建立被害人支援體系是本法重中之重。故本法除於第2條明定中央及地方主管機關與相關目的事業主管機關辦理跟騷事項與設置推動諮詢小組（原本國民黨團是建議防治跟蹤騷擾推動小組）外，警察機關受理被害人報案時，應提供被害人諮詢轉介或其他必要等協助及緊密連結相關機關，以建構服務網絡，必要時應查訪被害人及其家庭成員，並提供必要之安全措施。

觀之現行三讀通過本法第4條第1項及第2項規定：「警察機關受理跟蹤騷擾行為案件，應即開始調查、製作書面紀錄，並告知被害人得行使之權利及服務措施。前項案件經調查有跟蹤騷擾行為之犯罪嫌疑者，警察機關應依職權或被害人之請求，核發書面告誡予行為人；必要時，並應採取其他保護被害人之適當措施。」雖只簡要規範對被害人的支援服務，但在立法說明表示：「為防止跟蹤騷擾行為惡化，爰參考家庭暴力防治法第四十八條等規定，第一項定明警察機關受理報案應辦事項；第二項定明警察人員得採取之即時保護與危害防止措施。另本法所定被害人，包括第三條第一項之特定人及同條第二項所列舉之人。」此說明表示警察機關受理跟蹤騷擾行為案件，必要時可採取如家暴法第48條所規定：「一、於法院核發緊急保護令前，在被害人住居所守護或採取其他保護被害人或其家庭成員之必要安全措施。二、保護被害人及其子女至庇護所或醫療機構。三、告知被害人其得行使之權利、救濟途徑及服務措施。四、查訪並告誡相對人。五、訪查被害人及其家庭成員，並提供必要之安全措施。」等服務指施。並且依照本法第2條強調部門協力以保護扶助被害人及治療處遇相對人之精神，警察機關受理跟騷案件，應即派員處理，並轉介相關目的事業主管機關依權責提供被害人保護服務措施（本法細則第7條）。

　　由於建立被害人支援體系是本法相當重要之事，故臺灣犯罪被害人人權服務協會曾建議本條文修正爲：「警察機關受理跟蹤騷擾案件應即開始調查、製作書面紀錄，並告知被害人得行使之權利、救濟途徑、服務措施，不以被害人提出刑事告訴爲限。警察機關受理被害人報案，認爲有協助其自行防止相關跟蹤騷擾之必要時，應提供被害人適當諮詢、轉介或其他之協助措施。警察機關爲提供被害人充分之協助措施，應緊密連結相關主管機關及民間團體，以建構服務網絡。第一項案件經調查有跟蹤騷擾之犯罪嫌疑者，應予行爲人書面告誡，必要時，應查訪被害人及其家庭成員，並提供必要之安全措施或其他保護被害人之適當措施。」可惜未被立法者所採納，惟本修正建議可提供未來再修正之參考。

　　最後，誠如美國研究跟騷行爲專家所言：「從事跟騷行爲皆非正常人，且必定存在某種問題。」跟騷者除了具有善於製造心理上恐懼特徵外，亦具有欠缺發展穩定及健康人際關係能力、難以自我認同且希望贏得別人注意等共通特徵，大部分亦有心理或精神上困擾[17]。如此，警察在處理跟騷案件，不能在使用傳統案件導向方式回應，必須使用問題導向警政策略，連結公私部門資源方能達到立法目的；而在處理跟騷案件時，警察機關經常需要合作的網絡資源包括：社政系統、衛政系統、勞政系統、學校與社區團體、檢察官、法官，甚至是監獄或看守所[18]。因此，如何落實公私部門協力，建立完善被害人支援體系，以保護支援被害人及治療處遇相對人，便成爲本法有效性之重點所在。

17　法思齊，美國反跟追法（Anti-Stalking Law）之研究——兼論我國相關法制之建構，東吳法律學報，第24卷第3期，2013年1月，頁7。

18　黃翠紋，跟蹤騷擾防制法之評析與展望，刑事政策與犯罪研究論文集，2019年12月，頁285。

　　特別是本法先前遲遲未能立法，最主要還是擔心對警力的負擔。因此，危機就是轉機，為因應本法之施行以加強保障婦幼及國人的安全，除強化部門協力之機制外，應整合犯罪被害人警察保護體系，增加犯罪被害人警察保護體系的量能。建議可將警政署的行政組、防治組及刑事局的犯罪預防科整併為「生活安全局」與「刑事警察局」並行；將直轄市、縣市警察局防治科、犯罪預防科及婦幼警察隊與少年警察隊合併為「防治警察大隊」與「刑事警察大隊」並行；警察分局成立「防治隊」與「偵查隊」並行，落實將「犯罪被害保護官」跟「家庭暴力防治官」整合，成為真正的「犯罪被害保護官」，其角色則不只是通知、轉介而已，更要能擴大至心理急救（psychological first aid, PFA）所言八項核心行動的服務，包含：1.接觸與允諾協助；2.安全與安適；3.促進穩定；4.蒐集訊息；5.實用性協助；6.連結社會支持；7.有關因應的資訊；8.與協同服務連結。亦即PFA的目標是促進身心安全、照顧實際需求、提升因應效能，及進行適當的資源連結與轉介，其奠基於復原力／韌性觀點，而非基於心理疾病觀點的心理治療模式；又各分局偵查隊最了解偵查狀況，也需要建置「犯罪被害人聯絡官制度」[19]。

　　如此，整個部門協力機制與警力配置須再重新檢視，以落實政府真正非常重視婦幼安全及犯罪被害人保護政策，否則只會讓已經過勞的員警再增負擔，或因警力不足導致案件漏接，更加重創政府形象，深值注意。

---

19 許福生，論警察犯罪被害人保護體系之建置　以司改國是會議決議為中心，警大法學論集，第36期，2019年4月，頁94。

附錄

附錄一　2021年5月13日跟蹤騷擾防制法草案黨團協商保留條文對照表

審查會通過條文	行政院提案（民進黨黨團以政院版本為主）	國民黨黨團版本	民眾黨黨團版本	時代力量黨團版本	被權會版本	被權會版本說明
（照行政院提案通過）跟蹤騷擾防制法						
（保留）	第三條 本法所稱跟蹤騷擾行為，指以人員、車輛、工具、設備、電子通訊、網際網路或其他方法，對特定人反覆或持續為違反其意願且與性或性別有	第三條 本法所稱跟蹤騷擾行為，指以人員、車輛、工具、設備、電子通訊、網際網路或其他方法，對特定人反覆或持續為違反其意願之下列行為之	第三條 本法所稱跟蹤騷擾行為，指任何人無正當理由以人員、車輛、工具、設備、電子通訊、網際網路或其他方法，對特定人反覆或持續為下列行為		第三條 （跟蹤騷擾行為之定義） 本法所稱跟蹤騷擾行為，指無正當理由以人員、車輛、工具、設備、電子通訊、網際網路或其他方法，對特	一、本條規定跟蹤騷擾限於無正當理由，係因本法為填補現行法律之不足，且為使其與一般社會行為劃出分際，該要件以限縮本法所定跟蹤騷擾之範圍，

（接下頁）

審查會通過條文	行政院提案（民進黨黨團以政院版本為主）	國民黨黨團版本	民眾黨黨團版本	時代力量黨團版本	被權會版本	被權會版本說明
	關之下列行為之一，使之心生畏怖，足以影響其日常生活或社會活動： 一、監視、觀察、跟蹤或知悉特定人行蹤。 二、以盯梢、守候、尾隨或其他類似方式接近特定人之住所、居所、學校、工作場所、經常出入或活動之場所。 三、對特定人為警告、威脅、嘲	一，使之心生畏怖，足以影響其日常生活或社會活動： 一、監視、觀察、跟蹤或知悉特定人行蹤。 二、以盯梢、守候、尾隨或其他類似方式接近特定人之住所、居所、學校、工作場所、經常出入或活動之場所。 三、對特定人為警告、威脅、嘲弄、辱罵、歧	之一，使之心生畏怖，足以影響其日常生活或社會活動： 一、監視、觀察、跟蹤或知悉特定人行蹤。 二、以盯梢、守候、尾隨或其他類似方式接近特定人之住所、居所、學校、工作場所、經常出入或活動之場所。 三、對特定人為警告、威脅、嘲弄、辱罵、歧		定人反覆或持續為下列行為之一，使之心生畏怖，足以影響正常生活或社會活動： 一、監視、觀察、跟蹤或知悉特定人行蹤。 二、以盯梢、守候、尾隨或其他類似方式接近特定人之住所、居所、學校、工作場所、經常出入或活動之場所。 三、對特定人為警告、威脅、嘲	聚焦於防制基本態樣之糾纏干擾行為，避免過度介入民眾之一般社交行為，致侵害行為人權益，並可有限資源運用於適當之案型。如有正當理由不構成跟蹤騷擾者，例如： (一)依法令之行為。 (二)依業務上正當之行為。 (三)為維護公共利益或個人權利所必要，且依社會通念

（接下頁）

審查會通過條文	行政院提案（民進黨黨團以政院版本為主）	國民黨黨團版本	民眾黨黨團版本	時代力量黨團版本	被權會版本	被權會版本說明
	弄、辱罵、歧視、仇恨、貶抑或其他相類之言語或動作。四、以電話、傳眞、電子通訊、網際網路或其他設備，對特定人進行干擾。五、對特定人要求約會、聯絡或爲其他追求行爲。六、對特定人寄送、留置、展示或播送文字、圖畫、聲音、影像或其他物品。	視、仇恨、貶抑或其他相類之言語或動作。四、以電話、傳眞、電子通訊、網際網路或其他設備，對特定人進行干擾。五、對特定人要求約會、聯絡或爲其他追求行爲。六、對特定人寄送、留置、展示或播送文字、圖畫、聲音、影像或其他物品。七、向特定人告知	視、仇恨、貶抑或其他相類之言語或動作。四、以電話、傳眞、電子通訊、網際網路或其他設備，對特定人進行干擾。五、對特定人要求約會、聯絡或爲其他追求行爲。六、對特定人寄送、留置、展示或播送文字、圖畫、聲音、影像或其他物品。七、向特定人告知		弄、辱罵、歧視、仇恨、貶抑或其他相類之言語或動作。四、以電話、傳眞、電子通訊、網際網路或其他設備，對特定人進行侵擾。五、對特定人要求約會、聯絡或爲其他追求行爲。六、對特定人寄送、留置、展示或播送文字、圖畫、聲音、影像或其他物品。	認爲合理而可接受或容忍之行爲。二、明定跟蹤騷擾具有反覆或持續性，且有使他人心生畏怖，足以影響正常生活或社會活動。其中有關反覆或持續性之認定，並非指全數款項之要件皆成立始有本條適用，僅需反覆或持續從事各款行爲之一項或數項，即有本條適用。三、本條所定「心

（接下頁）

審查會通過條文	行政院提案（民進黨黨團以政院版本為主）	國民黨黨團版本	民眾黨黨團版本	時代力量黨團版本	被權會版本	被權會版本說明
	七、向特定人告知或出示有害其名譽之訊息或物品。八、濫用特定人資料或未經其同意，訂購貨品或服務。對特定人之配偶、直系血親、同居親屬或與特定人社會生活關係密切之人，以前項之方法反覆或持續為違反其意願而與性或性別無關之各款行為之一，使之心生畏怖，足以影響其日	或出示有害其名譽之訊息或物品。八、濫用特定人資料或未經其同意，訂購貨品或服務。九、其他相類似的行為。對特定人之配偶、直系血親、同居親屬或與特定人社會生活關係密切之人，以前項之方法反覆或持續為違反其意願之各款行為之一，使之心生畏怖，足以影響其日常生活或	或出示有害其名譽之訊息或物品。八、濫用特定人資料或未經其同意，訂購貨品或服務。九、其他相類之行為。		七、向特定人告知或出示有害其名譽之訊息或物品。八、濫用特定人資料或未經其同意，訂購貨品或服務。對特定人之配偶、直系血親、同居親屬或與特定人社會生活關係密切之人，無正當理由以前項之方法反覆或持續為違反前項各款行為之一，使之心生畏怖，足以影響其日常生活或	生畏怖足以影響正常生活或其他社會活動之人」，不以該特定人為限，其配偶、直系血親、同居親屬或與該本人社會生活關係密切之人亦包括之。至畏怖之判斷標準，應以已使被害人損害人格尊嚴或明顯感受厭惡或恐懼，並逾越社會通念所能容忍之界限。四、另所稱與該特定人社會

（接下頁）

審查會通過條文	行政院提案（民進黨黨團以政院版本為主）	國民黨黨團版本	民眾黨黨團版本	時代力量黨團版本	被權會版本	被權會版本說明
	常生活或社會活動，亦爲本法所稱跟蹤騷擾行爲。	社會活動，亦爲本法所稱跟蹤騷擾行爲。第一項各款行爲，出於下列情形者，不屬於跟蹤騷擾行爲：一、維護國家安全或國防安全者。二、依法令規定或依法令授權者。三、爲預防、偵查犯罪或維護社會安全者。四、爲維護公共利益而依社會習慣所採取措施並非不能容忍者。			社會活動，亦爲本法所稱跟蹤騷擾。	生活關係密切之人，除已列明之配偶、直系血親、同居親屬外，尚包括以家庭、職場、學校或其他正常社交關係爲基礎，發展親密之社會互動關係。五、爲明確規範本法所欲防制之跟蹤騷擾，並使民眾清楚知悉或具體認知可罰行爲之內容，爰將跟蹤騷擾之類型分款規定包含

（接下頁）

審查會通過條文	行政院提案（民進黨黨團以政院版本為主）	國民黨黨團版本	民眾黨黨團版本	時代力量黨團版本	被權會版本	被權會版本說明
		五、有法律上權利而依社會習慣所採取措施並非不能容忍者。 前項第四款、第五款之具體類型、範圍，由主管機關參酌社會習慣、生活文化、通念等，於本法施行細則明定之。				「監視跟蹤」、「盯梢尾隨」、「威脅辱罵」、「通訊侵擾」、「不當追求」、「寄送物品」、「有害名譽」、「濫用個資」，以資明確。
（保留）	第四條 警察機關受理跟蹤騷擾行為案件，應即開始調查、製作書面紀錄，並告知被害人得行使之權利及服	第四條 警察機關受理跟蹤騷擾行為案件，應即開始調查、製作書面紀錄，不以被害人提出刑事告訴為限。	第四條 警察機關受理跟蹤騷擾行為案件應即開始調查、製作書面紀錄，並告知被害人得行使之權利及服		第四條 （警察機關受理與服務） 警察機關受理跟蹤騷擾案件應即開始調查、製作書面紀錄，並告知被害人	一、為防止跟蹤騷擾行為惡化，爰參考家庭暴力防治法第四十八條等規定，第一項定明警察機關受理報案應

（接下頁）

審查會通過條文	行政院提案（民進黨黨團以政院版本為主）	國民黨黨團版本	民眾黨黨團版本	時代力量黨團版本	被權會版本	被權會版本說明
	務措施。前項案件經調查有跟蹤騷擾行為之犯罪嫌疑者，應予行為人書面告誡；必要時，並應採取其他保護被害人之適當措施。	警察機關為前項之調查，應告知被害人得行使之權利與得享有之服務措施。警察機關於必要時應立即採取保護被害人之適當措施。第一項案件經調查有跟蹤騷擾行為者，應於受理後七十二小時內給予行為人書面告誡。第一項調查期間，依明顯事實足認被害人有再受跟蹤騷擾行為侵	務措施。前項案件經調查有跟蹤騷擾行為之犯罪嫌疑者，應予行為人書面告誡；必要時，並應採取其他保護被害人之適當措施。不服警察機關之書面告誡者，得於書面告誡送達次日起三十日內，以書狀敘明理由，以原處分機關為被告，逕向被告機關所在地之地方法院行政訴訟庭提		得行使之權利、救濟途徑、服務措施，不以被害人提出刑事告訴為限。警察機關受理被害人報案，認為有協助其自行防止相關跟蹤騷擾之必要時，應提供被害人適當諮詢、轉介或其他之協助措施。警察機關為提供被害人充分之協助措施，應緊密連結相關主管機關及民間團體，以	辦事項；第二項至第四項定明警察機關受理被害人報案時，提供被害人諮詢轉介或其他必要等協助及緊密連結相關機關，以建構服務網絡，及警察人員得採取之即時保護與危害防止措施。二、第一項所稱調查，係指刑事偵查程序相關作為；另告誡係指警察機關以通知、警告、制止等方

（接下頁）

審查會通過條文	行政院提案（民進黨黨團以政院版本為主）	國民黨黨團版本	民眾黨黨團版本	時代力量黨團版本	被權會版本	被權會版本說明
		擾之虞者，警察機關得核發警告命令，禁止行為人再為跟蹤騷擾行為。警告命令自核發時生效，期間為二個月。法院核發保護令後，警告命令即失其效力。違反警告命令者，處新臺幣一萬元以上十萬元以下罰鍰。警察機關依第一項規定進行調查時，受調查人及相關人應予配	起行政訴訟。行政訴訟法第二百三十七條之三至第二百三十七條之九之規定，於前項訴訟準用之。於行為人經檢察官不起訴處分或法院無罪判決確定後，檢察官或法院應通知原處分機關撤銷書面告誡。		建構服務網絡。第一項案件經調查有跟蹤騷擾之犯罪嫌疑者，應予行為人書面告誡，必要時，應查訪被害人及其家庭成員，並提供必要之安全措施或其他保護被害人之適當措施。	法，使行為人即時停止跟蹤騷擾，可供檢察機關實施強制處分或法院審核是否核發保護令之參考。三、本法所定被害人，包括第三條第一項之特定人及第二項所列舉之人，併予說明。

（接下頁）

審查會通過條文	行政院提案（民進黨黨團以政院版本為主）	國民黨黨團版本	民眾黨黨團版本	時代力量黨團版本	被權會版本	被權會版本說明
		合，並提供必要之相關資料。受調查人對於警察機關依前項規定所為之調查，無正當理由規避，妨礙或拒絕提供違反跟蹤騷擾行為調查所需必要資料者，處新臺幣一萬元以上五萬元以下罰鍰；受調查人再經通知，無正當理由規避、妨礙或拒絕者，主管機關得繼續通知調查，並按				

（接下頁）

審查會通過條文	行政院提案（民進黨黨團以政院版本為主）	國民黨黨團版本	民眾黨黨團版本	時代力量黨團版本	被權會版本	被權會版本說明
		次處新臺幣三萬元以上十萬元以下罰鍰，至接受調查、到場陳述意見或提供必要之文書、資料或證物爲止。被跟蹤騷擾者或行爲人對警察機關依本法行使職權之方法、應遵守之程序或其他侵害利益之情事，得向該機關行使職權之人員，當場陳述理由表示異議。不服書面告誡者，得於書面告				

（接下頁）

審查會通過條文	行政院提案（民進黨黨團以政院版本為主）	國民黨黨團版本	民眾黨黨團版本	時代力量黨團版本	被權會版本	被權會版本說明
		誡送達次日起三十日內，以書狀敘明理由，以原處分機關爲被告，逕向被告機關所在地之地方行政訴訟庭提起行政訴訟，並準用相關行政訴訟法之規範。				
（　保留）				（增列）第五條書面告誡之核發或不核發，應以書面通知被害人及行爲人。被害人及行爲人得於書面告誡或不核發之通知送達之翌	（增列）第 五 條（對於書面告誡之救濟）不服警察機關之書面告誡者，得於書面告誡送達次 日 起三 十 日內，以書狀敘明理由，以原	一、按書面告誡對於行爲人發生禁止再爲跟騷行爲之法律效果，並間接對於行爲人之名譽生不利益之影響，應屬對於行爲人之不利 益 處

（接下頁）

審查會通過條文	行政院提案（民進黨黨團以政院版本為主）	國民黨黨團版本	民眾黨黨團版本	時代力量黨團版本	被權會版本	被權會版本說明
				日起三十日內，以書狀述明理由，經原處分之警察機關向警察機關所在地之法院聲明異議。法院認為聲明異議不合法定程式或聲明異議權已經喪失者，應以裁定駁回之。但其不合法定程式可補正者，應定期間先命補正。法院認為聲明異議無理由者，應以裁定駁回之。認為有理由者，以裁	處分機關為被告，逕向被告機關所在地之地方法院行政訴訟庭提起行政訴訟。前項裁判，不得聲明不服。但判決係將警察機關所核發之書面告誡撤銷者，被害人得上訴。除本法別有規定外，行政訴訟法第二百三十七條之三至第二百三十七條之九之規定，於前二項訴訟準用之。	分，爰明定書面告誡之救濟程序。二、鑑於警察機關針對跟蹤騷擾事件所為之書面告誡，具有質輕量多之特性，類似道路交通裁決事件，且書面告誡雖屬不利益處分，對行為人權利限制程度究屬輕微，復基於跟蹤騷擾事件之事實宜妥速認定，避免爭訟程序延宕過久，爰參考行政訴訟法關

（接下頁）

審查會通過條文	行政院提案（民進黨黨團以政院版本為主）	國民黨黨團版本	民眾黨黨團版本	時代力量黨團版本	被權會版本	被權會版本說明
				定將原書面告誡撤銷或命重為書面告誡。聲明異議中書面告誡不停止執行。關於聲明異議所為之裁定，不得抗告。但前開裁定係將原警察機關之命令撤銷者，被害人得為抗告。聲明異議之程序，除本法別有規定外，準用社會秩序維護法有關規定。	於行為人經檢察官不起訴處分或法院無罪判決確定後，檢察官或法院應通知原警察機關撤銷書面告誡。	於交通裁決事件訴訟程序規定，於第一項規定不服警察機關之書面告誡之救濟程序，同時於第二項規定當事人對於法院認為起訴不合法或無理由之駁回裁判不得聲明不服，以兼顧行為人之權利救濟與訴訟經濟、書面告誡實體確定之公益，例外賦予被害人於法院撤銷書面告誡時，以利害關

（接下頁）

審查會通過條文	行政院提案（民進黨黨團以政院版本為主）	國民黨黨團版本	民眾黨黨團版本	時代力量黨團版本	被權會版本	被權會版本說明
						係人地位獨立上訴之權源，保障被害人之救濟程序更臻周延，並於第三項規定準用行政訴訟法有關交通裁決事件之相關規定。 三、於行為人經檢察官不起訴處分或法院無罪判決確定後，檢察官或法院應通知原警察機關，依行政程序法第一百一十七條規定，撤銷違法之書面告誡處置。如此

（接下頁）

審查會通過條文	行政院提案（民進黨黨團以政院版本為主）	國民黨黨團版本	民眾黨黨團版本	時代力量黨團版本	被權會版本	被權會版本說明
						不僅得釐清性質爲保全處置之書面告誡處置與終局決定之不起訴處分或法院無罪判決間之關係，亦得避免無權利保護必要之行政救濟程序繼續進行。
（　保留）	第五條 行爲人經警察機關依前條第二項規定爲書面告誡後二年內，再爲跟蹤騷擾行爲者，被害人得向法院聲請保護令；被害人爲未成	第五條 被害人得於最近一次跟蹤騷擾行爲六個月內，向法院聲請保護令。保護令之聲請不以有取得警察機關之書面告誡爲必要。		第六條 保護令分爲通常保護令、暫時保護令與緊急保護令。被害人有受跟蹤騷擾行爲之急迫危險者，檢察官、警察機關或直轄市、縣	第六條 行爲人經警察機關依本法第四條第二項規定爲書面告誡後二年內，再爲跟蹤騷擾行爲者，被害人得向法院聲請保護令；被害	一、爲落實保障被害人權益及其人身安全，爰參考家庭暴力防治法第十條規定，於第一項規定保護令聲請要件及聲請權人；另保護令之聲

（接下頁）

審查會通過條文	行政院提案（民進黨黨團以政院版本為主）	國民黨黨團版本	民眾黨黨團版本	時代力量黨團版本	被權會版本	被權會版本說明
	年人、身心障礙者或因故難以委任代理人者，其配偶、法定代理人、三親等內之血親或姻親，得爲其向法院聲請之。檢察官或警察機關得依職權向法院聲請保護令。保護令之聲請、撤銷、變更、延長及抗告，均免徵裁判費，並準用民事訴訟法第七十七條之二十三第四項規定。	第一項之人爲未成年人、身心障礙者或因故難以委任代理人者，其配偶、法定代理人、三親等內之血親或姻親，得爲其向法院聲請之。檢察官或警察機關得依職權向法院聲請保護令。保護令之聲請、撤銷、變更、延長及抗告，均免徵裁判費，並準用民事訴訟法第七十七條		（市）主管機關，得聲請緊急保護令。經法院准許核發緊急保護令，或行爲人經警察機關依前條第二項規定爲書面告誡後二年內，再爲跟蹤騷擾行爲者，被害人得向法院聲請通常保護令、暫時保護令；被害人爲未成年人、身心障礙者或因故難以委任代理人者，其配偶、法定代理	人爲未成年人、身心障礙者或因故難以委任代理人者，其配偶、法定代理人、三親等內之血親或姻親，得爲其向法院聲請之。檢察官或警察機關得依職權向法院聲請保護令。保護令之聲請、撤銷、變更、延長及抗告，均免徵裁判費，並準用民事訴訟法第七十七條之二十三第四項規	請不以提出刑事告訴爲必要，併予說明。二、第二項規定檢察官及警察機關爲公益聲請人。三、保護令係基於保護被害人而定，具公益性質，參考家庭暴力防治法第十條規定，於第三項定明免徵裁判費事項，並準用民事訴訟法第七十七條之二十三第四項規定。四、本法

（接下頁）

審查會通過條文	行政院提案（民進黨黨團以政院版本為主）	國民黨黨團版本	民眾黨黨團版本	時代力量黨團版本	被權會版本	被權會版本說明
		之二十三第四項規定。		人、三親等內之血親或姻親，得為其向法院聲請之。檢察官或警察機關得依職權向法院聲請通常保護令、暫時保護令。保護令之聲請、撤銷、變更、延長及抗告，均免徵裁判費，並準用民事訴訟法第七十七條之二十三第四項規定。	定。前三項所稱之保護令，以不能依家庭暴力防治法聲請者為限。	之保護令與家庭暴力防治法之保護令，適用對象、法律效果固有重疊，仍非完全相同，為解決法律競合之積極衝突，爰明定符合家庭暴力防治法所規定之聲請權人，應優先適用家庭暴力防治法聲請保護令，本法之保護令乃補充性質，限於不能依家庭暴力防治法聲請者始得提起聲請。

（接下頁）

審查會通過條文	行政院提案（民進黨黨團以政院版本為主）	國民黨黨團版本	民眾黨黨團版本	時代力量黨團版本	被權會版本	被權會版本說明
（保留）	第六條 保護令之聲請，應以書狀為之，由被害人之住居所地、相對人之住居所地或跟蹤騷擾行為地或結果地之地方法院管轄。法院為定管轄權，得調查被害人或相對人之住居所。經聲請人或被害人要求保密被害人之住居所者，法院應以秘密方式訊問，將該筆錄及相關資料密封，並禁止閱			第七條 保護令之聲請，應以書狀為之。但緊急保護令之聲請，得以言詞、電信傳真或其他科技設備傳送之方式，並得於夜間或休息日為之。 保護令之聲請，由被害人之住居所地、相對人之住居所地或跟蹤騷擾行為地或結果地之地方法院管轄。 法院為定管轄權，得調查被害人或相	第七條 保護令之聲請，應以書狀為之，由被害人之住居所地、相對人之住居所地或跟蹤騷擾行為地或結果地之地方法院管轄。法院為定管轄權，得調查被害人或相對人之住居所。經聲請人或被害人要求保密被害人之住居所者，法院應以秘密方式訊問，將該筆錄及相關資料密封，並禁止閱	一、第一項定明聲請保護令應以書狀為之，以及聲請保護令之管轄法院。 二、為釐清管轄權，第二項規定法院得依職權調查被害人、相對人之住所或居所。又為避免被害人之住所及居所洩漏，爰參考家庭暴力防治法第十二條第三項，併規定經聲請人或被害人要求，法院應以秘密方式訊

（接下頁）

審查會通過條文	行政院提案（民進黨黨團以政院版本為主）	國民黨黨團版本	民眾黨黨團版本	時代力量黨團版本	被權會版本	被權會版本說明
	覽。			對人之住居所。經聲請人或被害人要求保密被害人之住居所者，法院應以秘密方式訊問，將該筆錄及相關資料密封，並禁止閱覽。	覽。	問，將該筆錄及相關資料密封，並禁止閱覽。三、本法所稱相對人，係指跟蹤騷擾行為人，併予說明。
（保留）	第十三條 保護令有效期間最長為二年，自核發時起生效。保護令有效期間屆滿前，法院得依被害人或第五條第一項後段規定聲請權人之聲請或依職權			第十三條 通常保護令有效期間最長為二年，自核發時起生效。通常保護令有效期間屆滿前，法院得依被害人或第六條第三項後段規定聲請權人之聲請或	第十四條 保護令有效期間最長為二年，自核發時起生效。保護令有效期間屆滿前，法院得依被害人或第五條第一項後段規定聲請權人之聲請或依職權	一、參考家庭暴力防治法第十五條規定，於第一項規定保護令有效期間及生效時點。二、第二項規定於保護令有效期間屆滿前，被害人或相關聲請權

（接下頁）

審查會通過條文	行政院提案（民進黨黨團以政院版本為主）	國民黨黨團版本	民眾黨黨團版本	時代力量黨團版本	被權會版本	被權會版本說明
	撤銷、變更或延長之；保護令有效期間之延長，每次不得超過二年。檢察官或警察機關得為前項延長保護令之聲請。被害人或第五條第一項後段規定聲請權人聲請變更或延長保護令，於法院裁定前，原保護令不失其效力。檢察官及警察機關依前項規定聲請延長保護令，亦			依職權撤銷、變更或延長之；通常保護令有效期間之延長，每次不得超過二年。檢察官或警察機關得為前項延長通常保護令之聲請。被害人或第六條第三項後段規定聲請權人聲請變更或延長通常保護令，於法院裁定前，原通常保護令不失其效力。檢察官及警察機關依前項規定聲請延長	撤銷、變更或延長之；保護令有效期間之延長，每次不得超過二年。檢察官或警察機關得為前項延長保護令之聲請。被害人或第五條第一項後段規定聲請權人聲請變更或延長保護令，於法院裁定前，原保護令不失其效力。檢察官及警察機關依前項規定聲請延長保護令，亦	人聲請撤銷、變更或延長保護令之機制，並定明每次延長期間上限。三、為避免被害人擔心遭報復等因素致未聲請延長保護令，周延被害人之保護，爰於第三項規定檢察官或警察機關得聲請延長保護令。四、考量變更或延長保護令聲請期間，如原保護令期間已屆滿，但法院尚未裁

（接下頁）

審查會通過條文	行政院提案（民進黨黨團以政院版本為主）	國民黨黨團版本	民眾黨黨團版本	時代力量黨團版本	被權會版本	被權會版本說明
	同。法院受理延長保護令之聲請後，應即時通知被害人、聲請人、相對人、檢察官及警察機關。			通常保護令，亦同。法院受理延長通常保護令之聲請後，應即時通知被害人、聲請人、相對人、檢察官及警察機關。	同。法院受理延長保護令之聲請後，應即時通知被害人、聲請人、相對人、檢察官及警察機關。	定，恐造成保護之空窗期，第四項規定法院受理被害人等聲請變更或延長保護令，或檢察官、警察機關聲請延長保護令，於法院裁定前，原保護令不失其效力。五、為利當事人遵守及警察機關等執行原保護令規範內容，第五項規定法院受理延長保護令聲請後之通知機制；另警察機關應

（接下頁）

審查會通過條文	行政院提案（民進黨黨團以政院版本為主）	國民黨黨團版本	民眾黨黨團版本	時代力量黨團版本	被權會版本	被權會版本說明
						提供法院即時通知之聯繫窗口，並適時協助法院聯繫相關人員，以周延本項之通知機制。

資料來源：

1. 社團法人臺灣犯罪被害人人權服務協會。

2. 本文之完成，感謝臺灣犯罪被害人人權服務協會所成立之「糾纏行為防制法草案研究小組」（由作者擔任召集人），共同討論所提供之修法意見。

附錄二　2021年11月10日立法院黨團協商結論

一、協商通過條文：第2條、第12條、第14條、第16條、第18條、第19條、第21條。（如附件）
二、保留：第3條、第4條、時代力量黨團版本增列第5條、第6條、時代力量黨團版本增列第14條、第13條；審查會第7項附帶決議及新收附帶決議5項。
三、修正立法說明1項，修正如附件。
四、通過附帶決議10項。（如附件）（其中第參項保留）
五、其餘均照審查會審查結果通過。
六、條次及援引條次部分文字，授權議事人員調整。
七、本案院會進行處理時，非保留部分，宣讀後均予以通過，保留條文均暫保留；保留條文院會進行處理前，由各黨團推派1人，依時代力量黨團、民眾黨黨團、國民黨黨團、民進黨黨團順序輪流發言，每人發言時間為3分鐘，發言完畢後，各該保留條文均不再發言，並依上開黨團順序進行各保留條文黨團版本之處理。

附件：
一、協商通過條文：

（一）	第2條 本法所稱主管機關：在中央為內政部；在直轄市為直轄市政府；在縣（市）為縣（市）政府。 本法所定事項，主管機關及目的事業主管機關應就其權責範圍，依跟蹤騷擾防制之需要，主動規劃所需保護、預防及宣導措施，對涉及相關機關之防制業務，並應全力配合。其權責如下： 一、主管機關：負責防制政策、法規與方案之研究、規劃、訂定及解釋；案件之統計及公佈；人員在職教育訓練；其他統籌及督導防制跟蹤騷擾行為等相關事宜。

（接下頁）

	二、社政主管機關:跟蹤騷擾被害人保護扶助工作、配合推動跟蹤騷擾防制措施及宣導等相關事宜。 三、衛生主管機關：跟蹤騷擾被害人身心治療、諮商及提供經法院命完成相對人治療性處遇計畫等相關事宜。 四、教育主管機關：各級學校跟蹤騷擾防制教育之推動、跟蹤騷擾被害人就學權益維護及學校輔導諮商支持、校園跟蹤騷擾事件處理之改善等相關事宜。 五、勞動主管機關：被害人之職業安全、職場防制教育、提供或轉介當事人身心治療及諮商等相關事宜。 六、法務主管機關：跟蹤騷擾犯罪之偵查、矯正及再犯預防等刑事司法相關事宜。 七、其他跟蹤騷擾行為防制措施，由相關目的事業主管機關依職權辦理。 中央主管機關為推動前述事項應設置防制跟蹤騷擾推動諮詢小組，遴聘（派）學者專家、民間團體及相關機關代表之人數，不得少於總數二分之一，且任一性別人數不得少於總數三分之一。
(二)	第12條 法院於審理終結後，認有跟蹤騷擾行為之事實且有必要者，應依聲請或依職權核發包括下列一款或數款之保護令： 一、禁止相對人為第三條第一項各款行為之一，並得命相對人遠離特定場所一定距離。 二、禁止相對人查閱被害人戶籍資料。 三、命相對人完成治療性處遇計畫。 四、其他為防止相對人再為跟蹤騷擾行為之必要措施。 相對人治療性處遇計畫相關規範，由中央衛生主管機關定之。 保護令得不記載聲請人之住所、居所及其他聯絡資訊。
(三)	第14條 法院應於核發保護令後二十四小時內發送被害人、聲請人、相對人、裁定內容所指定之人及執行之機關。

（接下頁）

	有關保護令之送達、期日、期間及證據,準用民事訴訟法之規定。 保護令由直轄市、縣(市)主管機關執行之;執行之方法、應遵行程序及其他相關事項之辦法,由中央主管機關定之。
(四)	第16條 被害人、聲請人或相對人對於執行保護令之方法、應遵行之程序或其他侵害利益之情事,得於執行程序終結前,向執行之機關聲明異議。 前項聲明異議,執行之機關認其有理由者,應即停止執行並撤銷或更正已為之執行行為;認其無理由者,應於十日內加具意見,送核發保護令之法院裁定之。 對於前項法院之裁定,不得抗告。
(五)	第18條 實行跟蹤騷擾行為者,處一年以下有期徒刑、拘役或科或併科新臺幣十萬元以下罰金。 攜帶凶器或其他危險物品犯前項之罪者,處五年以下有期徒刑、拘役或科或併科新臺幣五十萬元以下罰金。 第一項之罪,須告訴乃論。 檢察官偵查第一項之罪及司法警察官因調查犯罪情形、蒐集證據,認有調取通信紀錄及通訊使用者資料之必要時,不受通訊保障及監察法第十一條之一第一項所定最重本刑三年以上有期徒刑之罪之限制。
(六)	第19條 違反法院依第十二條第一項第一款至第三款所為之保護令者,處三年以下有期徒刑、拘役或科或併科新臺幣三十萬元以下罰金。
(七)	第21條 行為人經法官訊問後,認其犯第十八條第二項、第十九條之罪嫌疑重大,有事實足認為有反覆實行之虞,而有羈押之必要者,得羈押之。但未經告訴或其告訴已經撤回或已逾告訴期間者,不在此限。

二、修正立法說明1項，修正如下：（第11條）

(一) 為求程序之經濟及便利，被害人以外之聲請人因死亡、喪失資格或其他事由致不能續行程序時，應許其他有聲請權人得聲明承受程序，爰參考家事事件法第80條第1項及非訟事件法第35條之2等規定為第1項規定，俾以利用同一保護令事件程序續為處理；又為免程序延宕，法院亦得依職權通知其承受程序。另法院依職權通知承受之期限屬法官權限之範圍，併予敘明。

(二) 保護令事件，如已無法令所定聲請權人向法院聲明承受程序，法院認為必要時，應續行程序，以充分保障被害人之權益，爰設第2項。

(三) 為避免無聲請利益之保護令審理程序繼續進行，並賦予法院終結該程序之依據，爰參考家事事件法第59條為第3項規定。

三、通過附帶決議9項：（原通過附帶決議10項，其中第（三）項保留，即審查會第3項保留，計通過附帶決議9項）

(一) 為落實跟蹤騷擾防制工作，確保民眾人身安全、隱私權等基本權益，內政部應立即設立跟蹤騷擾防制推動諮詢小組，定期邀集相關部會、專家學者與民間團體代表共同審議、諮詢、推動跟蹤騷擾防制作為，俾利防制工作之推動，並完善跟蹤騷擾被害人之保護服務。

(二) 「跟蹤騷擾防制法草案」第2條第2項第4款「其他統籌及督導防制跟蹤騷擾行為之相關事務」，應自行或委託民間團體，提供下列協助：
一、人身安全保護。
二、必要之醫療協助。
三、通譯服務。
四、法律協助。
五、心理輔導及諮詢服務。
六、案件偵查或審理中陪同接受詢（訊）問。
七、必要之經濟補助。
八、其他必要之協助。

(三) （保留）（審查會第3項附帶決議保留）
「跟蹤騷擾防制法草案」第4條明定警察機關受理跟蹤騷擾行為案件之調查、核發書面告誡等事宜，為減少社會疑慮、警方執法之

模糊，以及完善保障被害人之權益，其執行應依循下列規範：

一、警察機關受理跟蹤騷擾行為案件或知有犯罪嫌疑者，無論被害人提告與否，皆應即開始刑事調查。

二、經調查確認有犯罪嫌疑者，應即予行為人書面告誡並採取保護被害人之適當措施，無論被害人提告與否。其中犯罪嫌疑係指初始犯罪嫌疑，僅需達到非單純臆測而有該犯罪可能之心證程度即屬之，確認後警察機關便應即發予行為人書面告誡，不可拖至調查終結、即將起訴時才核發。

三、警察機關應設立申訴管道，提供被害人針對不發予行為人書面告誡之救濟管道。

(四)「跟蹤騷擾防制法草案」第2條明定本法主管機關應辦理之事項，其立法說明也敘明：「各機關應發揮專業職能，依相關法規規定執行被害人保護扶助、行為人心理健康支持或精神疾病治療、防制教育推動等保護措施，以有效防制跟蹤騷擾行為」，顯見各相關機關皆應納入跟蹤騷擾防制之偕同範圍。故為完善防制及補足核心之被害人保護，請各相關機關配合推動及辦理以下業務：

一、主管機關：跟蹤騷擾防制法規與政策之規劃、推動、監督、執行、跟蹤騷擾犯罪之調查、被害人人身安全維護及緊急處理，並訂定跨機關（構）合作規範等相關事宜。

二、衛生福利主管機關：跟蹤騷擾被害人保護扶助工作、配合推動跟蹤騷擾防制措施及宣導、跟蹤騷擾被害人身心治療、諮商及相對人處遇等相關事宜。

三、教育主管機關：跟蹤騷擾防制教育及相關性別平等教育之推動、跟蹤騷擾被害人就學權益維護及學校輔導諮商支持等相關事宜。

四、勞工主管機關：跟蹤騷擾被害人之職業安全、職場跟蹤騷擾防制教育、提供或轉介當事人身心治療及諮商等相關事宜。

五、法務主管機關：跟蹤騷擾犯罪之偵查、矯正及再犯預防等刑事司法相關事宜。

(五)「跟蹤騷擾防制法草案」第2條明定本法主管機關應辦理之事項，為使本法通過後確實可行，避免因警力不足或專業不夠而導致基層員警過勞加劇、案件漏接、被害人受到二度傷害等問題，請內政部：

　　　一、於本法通過三個月內通盤檢視現有警政業務及本法通過後所
　　　　　增加之業務量，考量合理化之警政工作負擔，一年內增補所
　　　　　需警政人力與資源。

　　　二、於本法通過三個月內，邀集跟蹤騷擾防制之專家學者及民間
　　　　　團體，擬定具性別平等及人權保障之專業培訓課程，並於一
　　　　　年內完成相關警政之培訓。

(六)「跟蹤騷擾防制法草案」第2條明定本法主管機關應辦理之事項，
　　為有效推動跟蹤騷擾防制及補足核心之被害人保護，應包含：

　　一、督導及推展跟蹤騷擾防制教育。

　　二、協調被害人保護及相對人處遇計畫。

　　三、建立並管理跟蹤騷擾電子資料庫，供法官、檢察官、警察及
　　　　其他政府機關使用，並對被害人個人資料予以保密。

　　四、遴聘（派）學者專家、民間團體及相關機關代表提供諮詢，
　　　　其中學者專家、民間團體代表之人數，不得少於總數二分之
　　　　一；且任一性別人數不得少於總數三分之一。

　　五、對於跟蹤騷擾之被害人及疑似被害人，自行或委託民間團
　　　　體，提供下列協助：

　　　　(一) 人身安全保護及庇護。

　　　　(二) 必要之醫療及諮商協助。

　　　　(三) 通譯服務。

　　　　(四) 法律協助。

　　　　(五) 心理輔導及諮詢服務。

　　　　(六) 於案件偵查或審理中陪同接受詢（訊）問。

　　　　(七) 其他必要之協助。

(七) 跟蹤騷擾防制法之立法目的，為確保個人之人身安全與日常生
　　活，以及使人民免於遭受跟蹤騷擾之侵害、維護個人人格尊嚴。
　　鑑於跟蹤騷擾之行為多樣，隨著時間、科技技術之進展，人與人
　　之交往方式之轉變，可能衍生目前跟騷行為定義外之行為樣態。
　　故要求內政部警政署於跟蹤騷擾防制法施行後五年，針對跟蹤騷
　　擾之定義、行為樣態、跟蹤騷擾防制法施行之情形進行統計及研
　　究，以利後續之法規檢討以及修正。

(八) 中央及地方主管機關與相關目的事業主管機關辦理本法各項工
　　作，得按權責與實際需求委託民間團體辦理之。

(九) 第2條第2項第4款「其他統籌及督導防制跟蹤騷擾行為之相關事務」因中央主管及地方主管機關與相關目的事業主管機關負責事項龐雜，應可採公私部門合作之方法，以擴大可運用之資源及社會參與層面，俾利防制工作之推動，爰要求主管機關得自行或委託民間團體，提供被害人下列協助：

一、人身安全保護。

二、必要之醫療協助。

三、通譯服務。

四、法律協助。

五、心理輔導及諮詢服務。

六、案件偵查或審理中陪同接受詢（訊）問。

七、必要之經濟協助。

八、其他必要之協助。

(十) 第2條第2項第1款主管機關權責應包含:負責防制政策、法規與方案研究、規劃、訂定、解釋、推動、監督、執行、被害人人身安全維護及緊急處理、訂定跨機關（構）合作規範等事宜。

附錄三　2021年11月18日立法院黨團協商結論

一、協商通過條文：刪除第21條但書。

二、保留：第3條、第4條、時代力量黨團版本增列第5條、第6條、時代力量黨團版本增列第14條、第13條；附帶決議（審查會第3項、第7項附帶決議及增列之附帶決議5案）。

附錄四　跟蹤騷擾防制法

中華民國110年11月19日立法院第10屆第4會期第10次會議通過。
中華民國110年12月1日總統令制定公布全文23條；並自公布後六個月施行。

第1條
　　為保護個人身心安全、行動自由、生活私密領域及資訊隱私，免於受到跟蹤騷擾行為侵擾，維護個人人格尊嚴，特制定本法。
第2條
　　本法所稱主管機關：在中央為內政部；在直轄市為直轄市政府；在縣（市）為縣（市）政府。
　　本法所定事項，主管機關及目的事業主管機關應就其權責範圍，依跟蹤騷擾防制之需要，主動規劃所需保護、預防及宣導措施，對涉及相關機關之防制業務，並應全力配合。其權責如下：
　一、主管機關：負責防制政策、法規與方案之研究、規劃、訂定及解釋；案件之統計及公布；人員在職教育訓練；其他統籌及督導防制跟蹤騷擾行為等相關事宜。
　二、社政主管機關：跟蹤騷擾被害人保護扶助工作、配合推動跟蹤騷擾防制措施及宣導等相關事宜。
　三、衛生主管機關：跟蹤騷擾被害人身心治療、諮商及提供經法院命完成相對人治療性處遇計畫等相關事宜。
　四、教育主管機關：各級學校跟蹤騷擾防制教育之推動、跟蹤騷擾被害人就學權益維護及學校輔導諮商支持、校園跟蹤騷擾事件處理之改善等相關事宜。
　五、勞動主管機關：被害人之職業安全、職場防制教育、提供或轉介當事人身心治療及諮商等相關事宜。
　六、法務主管機關：跟蹤騷擾犯罪之偵查、矯正及再犯預防等刑事司法相關事宜。
　七、其他跟蹤騷擾行為防制措施，由相關目的事業主管機關依職權辦理。

中央主管機關為推動前述事項應設置防制跟蹤騷擾推動諮詢小組,遴聘(派)學者專家、民間團體及相關機關代表之人數,不得少於總數二分之一,且任一性別人數不得少於總數三分之一。

第3條

本法所稱跟蹤騷擾行為,指以人員、車輛、工具、設備、電子通訊、網際網路或其他方法,對特定人反覆或持續為違反其意願且與性或性別有關之下列行為之一,使之心生畏怖,足以影響其日常生活或社會活動:

一、監視、觀察、跟蹤或知悉特定人行蹤。

二、以盯梢、守候、尾隨或其他類似方式接近特定人之住所、居所、學校、工作場所、經常出入或活動之場所。

三、對特定人為警告、威脅、嘲弄、辱罵、歧視、仇恨、貶抑或其他相類之言語或動作。

四、以電話、傳真、電子通訊、網際網路或其他設備,對特定人進行干擾。

五、對特定人要求約會、聯絡或為其他追求行為。

六、對特定人寄送、留置、展示或播送文字、圖畫、聲音、影像或其他物品。

七、向特定人告知或出示有害其名譽之訊息或物品。

八、濫用特定人資料或未經其同意,訂購貨品或服務。

對特定人之配偶、直系血親、同居親屬或與特定人社會生活關係密切之人,以前項之方法反覆或持續為違反其意願而與性或性別無關之各款行為之一,使之心生畏怖,足以影響其日常生活或社會活動,亦為本法所稱跟蹤騷擾行為。

第4條

警察機關受理跟蹤騷擾行為案件,應即開始調查、製作書面紀錄,並告知被害人得行使之權利及服務措施。

前項案件經調查有跟蹤騷擾行為之犯罪嫌疑者,警察機關應依職權或被害人之請求,核發書面告誡予行為人;必要時,並應採取其他保護被害人之適當措施。

行為人或被害人對於警察機關核發或不核發書面告誡不服時,得於收受書面告誡或不核發書面告誡之通知後十日內,經原警察機關向其上級警察機關表示異議。

前項異議,原警察機關認為有理由者,應立即更正之;認為無理由者,

應於五日內加具書面理由送上級警察機關決定。上級警察機關認為有理由者，應立即更正之；認為無理由者，應予維持。

行為人或被害人對於前項上級警察機關之決定，不得再聲明不服。

第5條

行為人經警察機關依前條第二項規定為書面告誡後二年內，再為跟蹤騷擾行為者，被害人得向法院聲請保護令；被害人為未成年人、身心障礙者或因故難以委任代理人者，其配偶、法定代理人、三親等內之血親或姻親，得為其向法院聲請之。

檢察官或警察機關得依職權向法院聲請保護令。

保護令之聲請、撤銷、變更、延長及抗告，均免徵裁判費，並準用民事訴訟法第七十七條之二十三第四項規定。

家庭暴力防治法所定家庭成員間、現有或曾有親密關係之未同居伴侶間之跟蹤騷擾行為，應依家庭暴力防治法規定聲請民事保護令，不適用本法關於保護令之規定。

第6條

保護令之聲請，應以書狀為之，由被害人之住居所地、相對人之住居所地或跟蹤騷擾行為地或結果地之地方法院管轄。

法院為定管轄權，得調查被害人或相對人之住居所。經聲請人或被害人要求保密被害人之住居所者，法院應以秘密方式訊問，將該筆錄及相關資料密封，並禁止閱覽。

第7條

前條聲請書應載明下列各款事項：

一、聲請人、被害人之姓名及住所或居所；聲請人為機關者，其名稱及公務所。

二、相對人之姓名、住所或居所及身分證明文件字號。

三、有法定代理人、代理人者，其姓名、住所或居所及法定代理人與當事人之關係。

四、聲請之意旨及其原因事實；聲請之意旨應包括聲請核發之具體措施。

五、供證明或釋明用之證據。

六、附屬文件及其件數。

七、法院。

八、年、月、日。

前項聲請書得不記載聲請人或被害人之住所及居所，僅記載其送達處所。

聲請人或其代理人應於聲請書內簽名；其不能簽名者，得使他人代書姓名，由聲請人或其代理人蓋章或按指印。

第8條

聲請保護令之程式或要件有欠缺者，法院應以裁定駁回之。但其情形可以補正者，應定期間先命補正。

第9條

法院收受聲請書後，除得定期間命聲請人以書狀或於期日就特定事項詳為陳述外，應速將聲請書繕本送達於相對人，並限期命其陳述意見。

第10條

保護令案件之審理不公開。

法院得依職權或依聲請調查事實及必要之證據，並得隔別訊問；必要時得依聲請或依職權於法庭外為之，或採有聲音及影像相互傳送之科技設備或其他適當隔離措施。

法院為調查事實，得命當事人或法定代理人親自到場。

法院認為當事人之聲明或陳述不明瞭或不完足者，得曉諭其敘明或補充之。

法院受理保護令之聲請後，應即行審理程序，不得以被害人、聲請人及相對人間有其他案件偵查或訴訟繫屬為由，延緩核發保護令。

因職務或業務知悉或持有被害人姓名、出生年月日、住居所及其他足資識別其身分之資料者，除法律另有規定外，應予保密。警察人員必要時應採取保護被害人之安全措施。

行政機關、司法機關所製作必須公示之文書，不得揭露被害人之姓名、出生年月日、住居所及其他足資識別被害人身分之資訊。

第11條

被害人以外之聲請人因死亡、喪失資格或其他事由致不能續行程序者，其他有聲請權人得於該事由發生時起十日內聲明承受程序；法院亦得依職權通知承受程序。

前項情形雖無人承受程序，法院認為必要時，應續行之。

被害人或相對人於裁定確定前死亡者，關於本案視為程序終結。

第12條

法院於審理終結後，認有跟蹤騷擾行為之事實且有必要者，應依聲請或

依職權核發包括下列一款或數款之保護令：

一、禁止相對人為第三條第一項各款行為之一，並得命相對人遠離特定場所一定距離。

二、禁止相對人查閱被害人戶籍資料。

三、命相對人完成治療性處遇計畫。

四、其他為防止相對人再為跟蹤騷擾行為之必要措施。

相對人治療性處遇計畫相關規範，由中央衛生主管機關定之。

保護令得不記載聲請人之住所、居所及其他聯絡資訊。

第13條

保護令有效期間最長為二年，自核發時起生效。

保護令有效期間屆滿前，法院得依被害人或第五條第一項後段規定聲請權人之聲請或依職權撤銷、變更或延長之；保護令有效期間之延長，每次不得超過二年。

檢察官或警察機關得為前項延長保護令之聲請。

被害人或第五條第一項後段規定聲請權人聲請變更或延長保護令，於法院裁定前，原保護令不失其效力。檢察官及警察機關依前項規定聲請延長保護令，亦同。

法院受理延長保護令之聲請後，應即時通知被害人、聲請人、相對人、檢察官及警察機關。

第14條

法院應於核發保護令後二十四小時內發送被害人、聲請人、相對人、裁定內容所指定之人及執行之機關。

有關保護令之送達、期日、期間及證據，準用民事訴訟法之規定。

保護令由直轄市、縣（市）主管機關執行之；執行之方法、應遵行程序及其他相關事項之辦法，由中央主管機關定之。

第15條

保護令之程序，除本法別有規定外，準用非訟事件法有關規定。

關於保護令之裁定，除有特別規定者外，得為抗告；抗告中不停止執行。

對於抗告法院之裁定，不得再抗告。

第16條

被害人、聲請人或相對人對於執行保護令之方法、應遵行之程序或其他侵害利益之情事，得於執行程序終結前，向執行之機關聲明異議。

前項聲明異議，執行之機關認其有理由者，應即停止執行並撤銷或更正已為之執行行為；認其無理由者，應於十日內加具意見，送核發保護令之法院裁定之。

對於前項法院之裁定，不得抗告。

第17條

外國法院關於跟蹤騷擾行為之保護令，經聲請中華民國法院裁定承認後，得執行之。

被害人或聲請權人向法院聲請承認外國法院關於跟蹤騷擾行為之保護令，有民事訴訟法第四百零二條第一項第一款至第三款所列情形之一者，法院應駁回其聲請。

外國法院關於跟蹤騷擾行為之保護令，其核發地國對於中華民國法院之保護令不予承認者，法院得駁回其聲請。

第18條

實行跟蹤騷擾行為者，處一年以下有期徒刑、拘役或科或併科新臺幣十萬元以下罰金。

攜帶凶器或其他危險物品犯前項之罪者，處五年以下有期徒刑、拘役或科或併科新臺幣五十萬元以下罰金。

第一項之罪，須告訴乃論。

檢察官偵查第一項之罪及司法警察官因調查犯罪情形、蒐集證據，認有調取通信紀錄及通訊使用者資料之必要時，不受通訊保障及監察法第十一條之一第一項所定最重本刑三年以上有期徒刑之罪之限制。

第19條

違反法院依第十二條第一項第一款至第三款所為之保護令者，處三年以下有期徒刑、拘役或科或併科新臺幣三十萬元以下罰金。

第20條

法院審理前二條犯罪案件不公開。

第21條

行為人經法官訊問後，認其犯第十八條第二項、第十九條之罪嫌疑重大，有事實足認為有反覆實行之虞，而有羈押之必要者，得羈押之。

第22條

本法施行細則，由主管機關定之。

第23條

本法自公布後六個月施行。

附錄五　跟蹤騷擾防制法施行細則

中華民國111年3月18日發布,並自111年6月1日生效。

第1條

本細則依跟蹤騷擾防制法(以下簡稱本法)第二十二條規定訂定之。

第2條

中央主管機關為辦理本法第二條第二項第一款之統籌及督導事宜,應建置及管理跟蹤騷擾電子資料庫。

前項跟蹤騷擾電子資料,包括下列電子資料:

一、司法院提供之保護令及有關之裁定。

二、警察機關提供之處理跟蹤騷擾案件通報表、書面告誡之核發與簽收紀錄及保護令執行紀錄表。

三、其他經中央主管機關協商相關機關提供之跟蹤騷擾案件被害人或相對人有關之資料。

前項電子資料,由司法院、警察機關及相關機關定期傳輸至跟蹤騷擾電子資料庫,並指定專人辦理跟蹤騷擾電子資料庫有關事項。

第3條

中央主管機關應備置電腦軟、硬體設施,以管理、儲存跟蹤騷擾電子資料。

電子資料提供機關應自備電腦硬體設施,以建立、傳輸或查詢跟蹤騷擾電子資料。

第4條

法院、檢察署、衛生主管機關、警察機關及直轄市、縣(市)主管機關辦理跟蹤騷擾防制案件人員,因執行職務必要,得使用跟蹤騷擾電子資料庫相關資料。

第5條

因職務或業務所知悉之跟蹤騷擾電子資料,除法律另有規定外,應予保密。

處理及使用跟蹤騷擾電子資料,應採取必要之保密措施,違反保密義務者,依相關法令規定處理。

第6條

跟蹤騷擾之認定，應就個案審酌事件發生之背景、環境、當事人之關係、行為人與被害人之認知及行為人言行連續性等具體事實為之。

第7條

警察機關受理跟蹤騷擾案件，應即派員處理，並轉介相關目的事業主管機關依權責提供被害人保護服務措施。

第8條

本法第四條第一項所稱調查，指司法警察（官）於刑事偵查程序之相關作為。

第9條

警察機關依本法第四條第二項規定所核發之書面告誡，應記載下列事項：

一、行為人之姓名、性別、出生年月日、國民身分證統一編號或其他身分證明文件字號及住所或居所。

二、案由。

三、告誡事由。

四、違反之法律效果。

五、救濟方式。

書面告誡之送達，行為人在場者，應即時行之。

第一項書面告誡之核發或不核發，應以書面通知被害人。

第10條

警察機關依本法第四條第二項所為書面告誡之核發，不以被害人提出告訴為限。

第11條

警察機關為防止危害，經審認個案有即時約制行為人再犯之必要者，應不待被害人請求，依本法第四條第二項主動核發書面告誡。

第12條

行為人或被害人依本法第四條第三項表示異議時，應以書面為之，載明下列事項：

一、異議人之姓名、出生年月日、國民身分證統一編號或其他身分證明文件字號及住所或居所。

二、異議之事實及理由。

三、證據。

四、書面告誡或不核發書面告誡通知文書之日期、案（字）號。

第13條

本法第四條第四項所稱更正，指依行為人異議，撤銷書面告誡；或依被害人異議，核發書面告誡予行為人。

第14條

本法第五條第一項所定二年期間，自書面告誡送達行為人發生效力之日起算。

第15條

檢察官或警察機關依本法第五條第二項為保護令之聲請，應考量個案具體危險情境，且不受書面告誡先行之限制。

第16條

本法第十條所定其他足資識別被害人身分之資料，包括被害人照片或影像、聲音、聯絡方式、就讀學校、班級、工作場所、親屬姓名及與其之關係或其他得以直接或間接方式識別該個人之資料。

第17條

主管機關及目的事業主管機關應指定專人辦理跟蹤騷擾防制業務。

第18條

本細則自中華民國一百十一年六月一日施行。

附錄六　跟蹤騷擾案件保護令執行辦法

中華民國111年3月18日發布，並自111年6月1日生效。

第1條
　本辦法依跟蹤騷擾防制法（以下簡稱本法）第十四條第三項規定訂定之。

第2條
　為執行跟蹤騷擾案件保護令，行政機關應發揮共同一體之行政機能，於其權限範圍內互相協助；執行機關於必要時，得請求相關機關協助。

第3條
　跟蹤騷擾案件保護令執行機關如下：
　一、命相對人完成治療性處遇計畫之保護令事項，由直轄市、縣（市）衛生主管機關執行之。
　二、禁止查閱戶籍資料之保護令事項，由被害人戶籍地之戶政事務所執行之。
　三、其他保護令事項，由警察機關執行之。

第4條
　執行機關執行保護令，對保護令所列禁止行為及遵守事項，應命當事人確實遵行。

第5條
　執行機關執行保護令，對於被害人個人資料，於相關文書及執行過程應予保密。

第6條
　被害人、聲請人或相對人依本法第十六條第一項規定，向執行機關聲明異議者，應以書面或言詞提出；其以言詞為之者，受理之人員或單位應作成紀錄，經向聲明異議者朗讀或使閱覽，確認其內容無誤後，由其簽名或蓋章。
　聲明異議之書面內容或言詞作成之紀錄，應載明異議人之姓名及異議事由。

第7條

　依前條聲明異議者，未經原核發保護令法院撤銷、變更或停止執行之裁
　定前，仍應繼續執行。

第8條

　本辦法自中華民國一百十一年六月一日施行。

附錄七　警察機關辦理跟蹤騷擾案件作業規定

中華民國111年5月13日發布，並自111年6月1日生效。

一、內政部警政署為規範警察機關處理跟蹤騷擾案件相關作業及應注意事項，特訂定本規定。

二、跟蹤騷擾案件之管轄，依警察偵查犯罪手冊及警察機關受理刑事案件報案單一窗口實施要點相關規定辦理；涉及其他法令之案件，其被害人保護工作之管轄，則依相關主管機關規定辦理。

三、分駐所或派出所受理跟蹤騷擾案件時，應立即通報單位主官（管）及婦幼業務單位；警察分局及警察局婦幼業務單位應逐案落實管制案件進度。

　　警察分局勤務指揮中心接獲跟蹤騷擾案件報案時，應立即通報轄區分駐所或派出所及防治（婦幼業務）單位；警察局勤務指揮中心接獲跟蹤騷擾案件報案時，應立即通報轄區警察分局及婦幼警察隊（婦幼業務單位）。

四、員警受理或處理跟蹤騷擾案件，應至跟蹤騷擾案件管理系統輸登、建檔及通報。

　　警察分局防治（婦幼業務）單位對於跟蹤騷擾案件應全程管控，並依規定陳報警察局，以應疑義或緊急個案時，能迅速縱向及橫向協調聯繫，即時啟動聯防機制。

　　管轄警察機關有需其他警察機關協助之必要時，得以公文、傳真或公務電話紀錄等方式請求協助。

五、員警於製作跟蹤騷擾案件相關文書時，除涉及家庭暴力防治法案件外，被害人及未成年加害人之真實姓名及身分資料，應以代號稱之，並另製作代號及真實姓名對照表密封附卷。

六、被害人或行為人為聽覺或語言障礙者或語言不通者，應主動瞭解其有無傳譯需求，並視需要通知外事科或相關單位協助辦理。

七、書面告誡之核發機關為直轄市、縣（市）警察分局；其上級機關為直轄市、縣（市）政府警察局。

署屬警察機關書面告誡核發及異議決定之權責，依署屬警察機關書面告誡及異議處理權責分工表辦理（如附表）。

八、警察機關受理案件後，經調查有跟蹤騷擾行為之犯罪嫌疑者，應依職權或被害人之請求，核發書面告誡予行為人。

前項書面告誡送達生效後，應由警察機關以書面通知被害人；不核發書面告誡時，亦應敘明其理由及救濟方式，並以書面通知被害人。已核發書面告誡或保護令之案件，再有跟蹤騷擾行為時，不再核發書面告誡。

九、書面告誡一式二份，由警察分局防治（婦幼業務）單位審核，並指派員警送達行為人；行為人在場者，應請其簽收後，一份當場交付，一份附卷存查。

完成送達後，書面告誡及送達證書應陳報警察分局防治（婦幼業務）單位列冊管制。

無急迫危險之家庭暴力案件，以郵務送達為原則。

十、送達人應製作送達證書，交應受送達人簽名、蓋章或按指印；未獲會晤應受送達人者，得將文書交予有辨別事理能力之同居人或受僱人代收。但同居人或受僱人為他造當事人者，不得將文書交予之。前項送達係交郵政機關辦理者，應製作郵務送達證書，黏貼於信封上。

未獲會晤應受送達人或其同居人或受僱人者，得將文書寄存於送達地之警察機關，另製作送達通知書二份，一份粘貼於應受送達人住所居所門首，另一份置於該送達處所信箱或其他適當位置，以為送達。

寄存送達者，送達時效依刑事訴訟法第六十二條送達文書準用民事訴訟法之規定，民事訴訟法第一百三十八條第二項規定寄存送達，自寄存之日起，經過十日發生效力。寄存之文書自寄存之日起，應保存二個月。

應受送達人無法律上理由而拒絕收領者，得將通知書留置於送達處所，將送達情形於送達證書記明後附卷。

郵寄送達者，應將回執附卷備查。

十一、原警察機關受理書面告誡異議案件，經防治（婦幼業務）單位審查案件筆錄、證據及相關資料後，認異議有理由者，簽陳機關主官（管）核准後，立即更正之，並以書面通知行為人及被害人；認無理由者，應於五日內加具書面理由，送上級警察機關決定。上級警察機關收受相關案卷，經婦幼警察隊（婦幼業務單位）審查相關資

料後，認異議有理由者，簽陳機關主官（管）核准後，立即更正之；認無理由者，應予維持。前項所為之決定，應以書面通知行為人及被害人，且不得再聲明不服。

十二、書面告誡送達生效後，未經警察機關更正前，其效力繼續存在。

十三、同一行為人前案已核發書面告誡並生效者，再有跟蹤騷擾行為，應協助被害人聲請保護令。

涉及家庭暴力防治法之跟蹤騷擾案件，應依該法聲請保護令，至書面告誡之核發，則應充分尊重被害人意願。

十四、分駐所或派出所辦理跟蹤騷擾案件保護令聲請，其案卷陳送警察分局防治（婦幼業務）單位之時限，準用公文處理時限基準辦理，處理原則如下：

(一) 依職權聲請之保護令案件視為最速件，應於受理後一日內陳送。

(二) 協助被害人聲請之保護令案件視為普通件，應於受理後六日內陳送。

跟蹤騷擾案件保護令之簽辦及執行時限，應按其聲請主體，依前項處理時限辦理。

十五、保護令之登錄及執行，由接獲保護令之警察分局主辦，被害人及相對人住居所地之警察機關協助處理。

執行保護令應製作執行紀錄表，並交由警察分局防治（婦幼業務）單位檢視所填報內容有無疏漏或錯誤，再將執行情形回復法院並陳報婦幼警察隊（婦幼業務單位）備查；對於執行未遇案件，應個案列管賡續執行，儘速辦理完竣。

十六、警察局婦幼警察隊（婦幼業務單位）接獲法院受理延長保護令之通知時，應通報發生地警察分局防治（婦幼業務）單位登錄並由其轉知其他相關執行機關。

對於法院通知不到之被害人、聲請人或相對人，而協請警察機關通知時，警察局婦幼警察隊（婦幼業務單位）收受該協助通知案後，應按通知內容，立即通報轄區分駐所或派出所派員或以電話通知案內被通知人，並將執行情形回復法院。

十七、已核發書面告誡或保護令之案件，行為人再有跟蹤騷擾行為時，警察分局偵查隊應就所涉違法行為詳為調查蒐證，並視個案情節，依刑事訴訟法啟動相關拘提、逮捕、搜索、扣押等強制處分，必要

時，得建請檢察官聲請羈押或實施羈押替代處分。

移送前項案件時，對於同一行為人者，移送書應註明歷次移送日期及文號，簽會防治（婦幼業務）單位，並分別副知該單位及警察局婦幼警察隊（婦幼業務單位）

十八、署屬警察機關處理跟蹤騷擾案件，比照直轄市、縣（市）政府警察局、警察分局及分駐所或派出所相當層級辦理。

附表

署屬警察機關書面告誡及異議處理權責分工表		
機關名稱	書面告誡核發單位	異議決定機關
航空警察局	分局或大隊	警察局
鐵路警察局	分局	警察局
國道公路警察局	大隊	警察局
保安警察第二總隊	中隊	總隊
保安警察第三總隊	職司專責案件處理；跟蹤騷擾案件依權責劃分及工作聯繫要點，受理後移請管轄警察機關接續辦理。	
保安警察第七總隊		
基隆港務警察總隊	中隊	總隊
臺中港務警察總隊	中隊或警察隊	總隊
高雄港務警察總隊	中隊	總隊
花蓮港務警察總隊	中隊或警察隊	總隊

附錄八　跟蹤騷擾案件相對人治療性處遇計畫規範

中華民國111年5月19日發布，並自111年6月1日生效。

一、本規範依跟蹤騷擾防制法（以下簡稱本法）第十二條第二項規定訂定之。

二、本法第十二條第一項第三款所稱治療性處遇計畫，其項目如下：
　　(一) 精神治療。
　　(二) 戒癮治療。
　　(三) 其他治療。

三、本規範所稱治療性處遇計畫執行機構（以下簡稱執行機構），應具下列資格之一：
　　(一) 經中央衛生主管機關醫院評鑑合格並設有精神科門診或精神科病房者。
　　(二) 經中央衛生主管機關精神科醫院評鑑合格者。
　　(三) 經中央衛生主管機關指定之藥癮戒治醫療機構。
　　(四) 經直轄市、縣（市）衛生主管機關指定之醫事機構。

四、保護令案件審理終結前，法院得命相對人接受有無必要施以治療性處遇計畫之鑑定。

五、法院審理終結後，依聲請或依職權所核發之治療性處遇計畫保護令，應送達相對人戶籍所在地之直轄市、縣（市）衛生主管機關。

六、直轄市、縣（市）衛生主管機關接獲前點保護令後，應即安排適當之執行機構及指定處遇之期日，並通知相對人或其代理人、執行機構、被害人或其代理人、聲請人及警察機關。
　　直轄市、縣（市）衛生主管機關執行前瑣事宜，必要時得請警察機關協助。

七、相對人接獲前點第一項通知，應依指定期日至執行機構報到，並依法院裁定內容，完成治療性處遇計畫。
　　相對人未於指定期日報到，執行機構應於次日起七個工作日內再行通知報到；其仍未報到者，執行機構應填報「跟蹤騷擾案件相對人到達

／未到達治療性處遇計畫執行機構通報書」（附件一），並立即通報直轄市、縣（市）衛生主管機關。

八、執行機構認相對人治療性處遇計畫有延長、縮短其期間或變更內容之必要者，應敘明理由及建議，填妥「跟蹤騷擾案件相對人特殊狀況通報書」（附件二），通報直轄市、縣（市）衛生主管機關。

直轄市、縣（市）衛生主管機關接獲前項通報，應即通知相對人或其代理人、執行機構、被害人或其代理人、聲請人、警察機關及相對人戶籍所在地之直轄市、縣（市）衛生主管機關。

治療性處遇計畫保護令有效期間屆滿前，檢察官或警察機關得依本法第十三條第三項聲請延長之；被害人或聲請權人得依本法第十三條第二項向法院聲請撤銷、變更或延長之。

九、直轄市、縣（市）衛生主管機關接獲執行機構通報相對人有不接受、不遵守治療性處遇計畫內容，或有恐嚇、施暴、跟蹤騷擾及其他情事，必要時，應即通知警察機關或移送地方檢察署。

執行機構為前項通報，應填妥「跟蹤騷擾案件相對人特殊狀況通報書」。

十、執行機構應於相對人完成治療性處遇計畫之次日起十個工作日內，填妥「跟蹤騷擾案件相對人完成治療性處遇計畫報告書」（附件三），並通報直轄市、縣（市）衛生主管機關。

十一、本規範之通報，得以書面、電信傳真或其他科技設備傳送方式為之；但以電信傳真或其他科技設備傳送者，應補附書面通報資料。

執行機構執行前項通報作業，應確認直轄市、縣（市）衛生主管機關收到通報資料。

十二、相對人治療性處遇計畫，由相對人戶籍所在地之直轄市、縣（市）衛生主管機關為之。相對人如因工作、服役或其他因素，無法於其戶籍所在地執行治療性處遇計畫時，該地衛生主管機關得協調相對人住居所在地之直轄市、縣（市）衛生主管機關協助執行。

十三、直轄市、縣（市）衛生主管機關應邀集法院、地方檢察署、警察機關、執行機構，就本規範各項執行內容定期召開聯繫檢討會議。

十四、直轄市、縣（市）衛生主管機關、法院、地方檢察署、警察機關、執行機構，應置專責聯絡窗口，負責本法有關相對人治療性處遇計畫聯絡事宜。

前項窗口聯絡資料，直轄市、縣（市）衛生主管機關應通知各相關

　　機關（構）。

十五、第七點第一項治療性處遇計畫之費用，由相對人負擔。

附件一

跟蹤騷擾案件相對人到達／未到達治療性處遇計畫執行機構通報書

姓名：　　　　　　　　性別：□男　□女 出生日期：　年　月　日　　身份證統一編號：	

□一、相對人確定未至執行機構報到
　　　　□相對人確定未依處遇通知書（文號：＿＿＿年度＿＿＿＿
　　　　　字第＿＿＿＿＿號），於＿＿＿年＿＿＿月＿＿＿日至執行機構
　　　　　報到
　　　　□經由執行機構於＿＿＿年＿＿＿月＿＿＿日通知相對人（執行
　　　　　機構應於相對人未依指定期日報到次日起七個工作日內
　　　　　再行通知相對人報到），相對人確定仍未於＿＿＿年＿＿＿
　　　　　月＿＿＿日至執行機構報到
　　　　　請敘明聯絡紀錄經過（含年、月、日、聯絡人及聯絡方
　　　　　式）：

□二、相對人確定已於＿＿＿年＿＿＿月＿＿＿日至執行機構報到，並
　　　將進行
　　　　□精神治療，預計＿＿＿年＿＿＿月結束
　　　　　治療內容：□住院治療　□門診治療（＿＿＿週＿＿＿次）
　　　　□戒癮治療，預計＿＿＿年＿＿＿月結束
　　　　　治療內容：□住院治療　□門診治療（＿＿＿週＿＿＿次）
　　　　□其他治療，預計＿＿＿年＿＿＿月結束
　　　　　治療內容：＿＿＿＿＿＿＿＿＿＿（＿＿＿週＿＿＿次）

特此通知＿＿＿＿＿＿＿直轄市、縣（市）衛生主管機關

　　　　　　　　　　　　執行機構：＿＿＿＿＿＿＿＿＿＿
　　　　　　　　　　　　填　報　者：＿＿＿＿＿＿＿＿＿＿
　　　　　　　　　　　　職　　　稱：＿＿＿＿＿＿＿＿＿＿
　　　　　　　　　　　　聯絡電話：＿＿＿＿＿＿＿＿＿＿
　　　　　　　　　　　　通知日期：＿＿＿年＿＿＿月＿＿＿日

附件二

跟蹤騷擾案件相對人特殊狀況通報書

姓名：	性別：□男　□女
出生日期：　年　月　日	身份證統一編號：

□一、建議延長、縮短或變更治療性處遇計畫（可複選）：

相對人經評估、治療後，原治療性處遇計畫

治療項目：□精神治療　□戒癮治療　□其他治療

治療內容：□住院治療　□門診治療（＿＿＿週＿＿＿次）
　　　　　　□其他＿＿＿＿＿＿＿＿＿（＿＿＿週＿＿＿次）

建議修改為

□精神治療，預計＿＿＿年＿＿＿月結束
　治療內容：□住院治療　□門診治療（＿＿＿週＿＿＿次）
□戒癮治療，預計＿＿＿年＿＿＿月結束
　治療內容：□住院治療　□門診治療（＿＿＿週＿＿＿次）
□其他治療，預計＿＿＿年＿＿＿月結束
　治療內容：＿＿＿＿＿＿＿＿＿（＿＿＿週＿＿＿次）
修改原因：

□二、相對人有跟蹤騷擾案件相對人治療性處遇計畫規範第九點
　　所列情事：
　　□不接受治療性處遇計畫
　　請敘述情形：

相對人於處遇期日＿＿＿年＿＿＿月＿＿＿日未事前請假或屆期未參加處遇，經由執行機構於＿＿＿年＿＿＿月＿＿＿日通知相對人（執行機構應於相對人未依指定期日參加處遇次日起七個工作日內通知相對人再次參加處遇），相對人確定仍未於＿＿＿年＿＿＿月＿＿＿日至執行機構參加處遇

（接下頁）

□不遵守治療性處遇計畫內容
　請敘述情形：

□有恐嚇、施暴、跟蹤騷擾等行為：
　行為態樣：□恐嚇　□施暴　□跟蹤騷擾
　請敘述情形：

□其他行為，請敘述情形：

□三、在保護令有效期限內，相對人明顯無法完成治療性處遇計
　　畫：
　　請敘明已接受之處遇次數、完成處遇計畫尚需之時間、執
　　行處遇相對人簽到紀錄及聯絡紀錄。

□四、其他情形

特此通知＿＿＿＿＿＿**直轄市、縣（市）衛生主管機關**

執行機構：＿＿＿＿＿＿＿
填報者：＿＿＿＿＿＿＿
職　　稱：＿＿＿＿＿＿＿
聯絡電話：＿＿＿＿＿＿＿
通知日期：＿＿年＿＿月＿＿日

附件三

跟蹤騷擾案件相對人完成治療性處遇計畫報告書

姓名：	性別：□男　□女
出生日期：　年　月　日	身份證統一編號：

一、相對人已於＿＿＿年＿＿＿月＿＿＿日完成治療性處遇計畫，治療
　　項目如下：
　　□精神治療＿＿＿年＿＿＿月＿＿＿日至＿＿＿年＿＿＿月＿＿＿日
　　　治療內容：□住院治療＿＿＿年＿＿＿月＿＿＿日至＿＿＿年＿＿
　　　　　　　　　月＿＿＿日
　　　　　　　　□門診治療＿＿＿次，＿＿＿年＿＿＿月＿＿＿日至＿
　　　　　　　　　＿年＿＿＿月＿＿＿日
　　□戒癮治療＿＿＿年＿＿＿月＿＿＿日至＿＿＿年＿＿＿月＿＿＿日
　　　治療內容：□住院治療＿＿＿年＿＿＿月＿＿＿日至＿＿＿年＿＿
　　　　　　　　　月＿＿＿日
　　　　　　　　□門診治療＿＿＿次，＿＿＿年＿＿＿月＿＿＿日至＿
　　　　　　　　　＿年＿＿＿月＿＿＿日
　　□其他治療＿＿＿年＿＿＿月＿＿＿日至＿＿＿年＿＿＿月＿＿＿日
　　　治療內容：＿＿＿＿＿＿＿（＿＿＿年＿＿＿月＿＿＿日至＿＿＿年＿＿＿
　　　　　　　　　月＿＿＿日）

二、個案在治療中整體表現（請勾選）：
　　(一) 治療配合度
　　　　非常不配合1　2　3　4　5　6　7　8　9　10非常配合
　　　　說明：

　　(二) 暴力危險評估
　　　　最低1　2　3　4　5　6　7　8　9　10最高
　　　　說明：

（接下頁）

(三)情緒處理技巧

　　最差1　2　3　4　5　6　7　8　9　10最佳

　　說明：

(四)整體治療效果評估

　　顯無成效1　2　3　4　5　6　7　8　9　10成效俱佳

　　說明：

三、對於處遇後建議：

特此通知＿＿＿＿＿＿＿**直轄市、縣（市）衛生主管機關**

執行機構：＿＿＿＿＿＿＿＿＿

填　報　者：＿＿＿＿＿＿＿＿＿

職　　　稱：＿＿＿＿＿＿＿＿＿

聯絡電話：＿＿＿＿＿＿＿＿＿

通知日期：＿＿＿年＿＿＿月＿＿＿日

國家圖書館出版品預行編目資料

跟蹤騷擾防制法解析／許福生著. -- 初
版. -- 臺北市：五南圖書出版股份有
限公司, 2022.06
面；　公分
ISBN 978-626-317-895-3（平裝）

1.CST: 犯罪防制　2.CST: 法規

585.4　　　　　　　　111008114

1T90

跟蹤騷擾防制法解析

作　　　者 ― 許福生（234.8）

發 行 人 ― 楊榮川

總 經 理 ― 楊士清

總 編 輯 ― 楊秀麗

副總編輯 ― 劉靜芬

責任編輯 ― 林佳瑩

封面設計 ― 王麗娟

出 版 者 ― 五南圖書出版股份有限公司

地　　　址：106台北市大安區和平東路二段339號4樓

電　　　話：(02)2705-5066　　傳　　真：(02)2706-6100

網　　　址：https://www.wunan.com.tw

電子郵件：wunan@wunan.com.tw

劃撥帳號：01068953

戶　　　名：五南圖書出版股份有限公司

法律顧問　林勝安律師事務所　林勝安律師

出版日期　2022年6月初版一刷

定　　　價　新臺幣300元

經典永恆・名著常在

五十週年的獻禮 ── 經典名著文庫

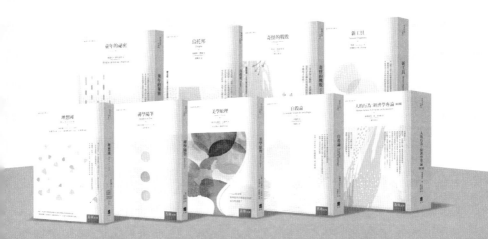

五南，五十年了，半個世紀，人生旅程的一大半，走過來了。

思索著，邁向百年的未來歷程，能為知識界、文化學術界作些什麼？

在速食文化的生態下，有什麼值得讓人雋永品味的？

歷代經典・當今名著，經過時間的洗禮，千錘百鍊，流傳至今，光芒耀人；

不僅使我們能領悟前人的智慧，同時也增深加廣我們思考的深度與視野。

我們決心投入巨資，有計畫的系統梳選，成立「經典名著文庫」，

希望收入古今中外思想性的、充滿睿智與獨見的經典、名著。

這是一項理想性的、永續性的巨大出版工程。

不在意讀者的眾寡，只考慮它的學術價值，力求完整展現先哲思想的軌跡；

為知識界開啟一片智慧之窗，營造一座百花綻放的世界文明公園，

任君遨遊、取菁吸蜜、嘉惠學子！